editorial Sol90

图说人类文明史

阿兹特克帝国

西班牙 Sol90 出版公司 编著

同文世纪 组译   骆冰茹 译

中国农业出版社
农村读物出版社

北 京

图书在版编目（CIP）数据

图说人类文明史. 阿兹特克帝国 / 西班牙Sol90出版
公司编著；同文世纪组译；骆冰茹译. — 北京：中国
农业出版社，2024.9
    ISBN 978-7-109-29143-0

    Ⅰ. ①图…　Ⅱ. ①西…　②同…　③骆…　Ⅲ. ①阿兹蒂
克人-民族文化-文化史-通俗读物　Ⅳ. ①K103-49

    中国版本图书馆CIP数据核字（2022）第030100号

GRANDES CIVILIZACIONES DE LA HISTORIA

Imperio Azteca

First edition © 2008, Editorial Sol90, Barcelona
This edition © 2020, Editorial Sol90, Barcelona, granted in exclusively to China Agricultrue Press for its edition in China.
www.sol90.com

Author: Editorial Sol90

Based on an idea of Daniel Gimeno
Editorial Management Daniel Gimeno
Art Direction Fabián Cassán
Editors 2019 Edition Joan Soriano, Alberto Hernández
Writers Juan Contreras, Gabriel Rot
Research and Images Production Virginia Iris Fernández
Proofreading Edgardo D'Elio
Producer Marta Kordon
Layout Luis Allocati, Mario Sapienza
Images Treatment Cósima Aballe
Photography Corbis, Science Photo Library, Getty, Sol90images
Illustrations Dante Ginevra, Trebol Animation, Urbanoica Studio, IMK3D, 3DN, Plasma Studio, all commisioned specially for this work by Editorial Sol90.
www.sol90images.com

图说人类文明史

阿兹特克帝国

First edition © 2008, Editorial Sol90, Barcelona
This edition © 2020, Editorial Sol90, Barcelona, granted in exclusively to China Agricultrue Press for its edition in China.
All Rights Reserved.
本书简体中文版由西班牙Sol90出版公司授权中国农业出版社有限公司于2023年翻译出版发行。
本书内容的任何部分，事先未经版权持有人和出版者书面许可，不得以任何方式复制或刊载。
著作权合同登记号：图字01-2020-4766号

中国农业出版社出版
地址：北京市朝阳区麦子店街18号楼
邮编：100125
项目策划：张志　刘彦博　责任编辑：刘彦博　责任校对：吴丽婷　责任印制：王宏
翻译：同文世纪 组译　骆冰茹 译　审定：陈飞雨　丛书复审定：刘林海　封面设计制作：张磊　内文设计制作：张磊
印刷：鸿博昊天科技有限公司
版次：2024年9月第1版
印次：2024年9月北京第1次印刷
发行：新华书店北京发行所
开本：889mm×1194mm　1/16
印张：6
字数：200千字
定价：98.00元

图说人类文明史

阿兹特克帝国

目　录

前言：山谷的主人

在被西班牙殖民前，多个重要文明交汇于中美洲并繁荣发展。阿兹特克文明，这个历史长河中的伟大文明之一，正诞生于此。

奥尔梅克文明是墨西哥文明之始，在其末期，萨波特克文明开始发展壮大。托尔特克文明和米斯特克文明在逐渐被继承和取代的同时，也在墨西哥的山谷中留下了印记。它们的建筑、语言、手工艺，以及特奥蒂瓦坎和图拉这些繁华的大都市，都向我们清晰地展现了这些文明的真实面貌。

阿兹特克文明在不到两个世纪的时间里广泛吸收既往文明之精髓。特诺奇人——也就是众所周知的阿兹特克人——在经历了以迁徙和游牧为标志的第一阶段后，成为墨西哥山谷的主人，在西班牙殖民者踏上这片土地之前，阿兹特克人一直处于统治地位。

阿兹特克人居住的环境风景优美，海拔高达约 2 000 米，周围被群山环绕，中心是特斯科科湖。在这里，阿兹特克从一个部落集团演变为一个独立的、强大的、发达的国家。阿兹特克人用他们独一无二的创造力和聪明才智，在大湖中心的一座小岛上建立了首都特诺奇蒂特兰城。特诺奇蒂特兰城从一个村庄摇身一变成为一座富饶的都市，一跃成为强大的一国之都，着实令人惊叹不已。

阿兹特克人允许被征服的地区保留自治权，从而使帝国成为一个联盟，在最辉煌的时期，阿兹特克一度统治了 38

阿兹特克人对异族的艺术精粹钦慕不已，尽管未将其征服，但阿兹特克人仍与之保持着频繁的商贸往来。下图是印有阿兹特克火神休特库特利图像的米斯特克胸针。

个省份。四处征讨也使强大而富有的战士阶层占据了社会最高地位，统治着其他阶层。

　　尽管阿兹特克帝国奉行军国主义制度，但神灵仍然扮演着非常重要的角色。阿兹特克人通过崇拜和献祭"平息天神之怒，进而增强来自宇宙的力量"。

　　阿兹特克人欣然接受了自然加诸他们的挑战。他们的经济主要依赖农业活动，如何解决耕地有限的问题变得迫在眉睫。耕地的匮乏迫使他们不得不经常与饥饿的邻近族群对峙。一些被迫撤退到湖中岛屿上的人通过填湖造岛扩大农耕用地，以巧妙的方式解决了这个问题。

　　赫赫有名的手抄本清晰呈现了当时社会的运作模式。每个抄本都详细描述了作者所处的社会地位等内容，从社会状况到各类活动、生活方式、受教育程度……手抄本呈现的方式生动有趣且极具新意，细节一览无遗。

　　阿兹特克的文化遗产在历史长河中历久弥新，从精确的日历、各类祭祀庙宇、令人惊叹的空中花园和色彩斑斓的艺术品中即可了解它对人类文明做出的卓越贡献。

宗教信仰在阿兹特克人的文化中根深蒂固，他们对神灵雕像进行日常照料和维护。下图的小雕像就是玉米之神和农业女神奇科梅科阿特尔，或称希洛宁。

概述：文明交汇点

中美洲文明的发展有着一系列共同的文化特征，其中最突出的是历法、象形文字和数学知识，以及基于礼仪和祭祀的宗教世界观。奥尔梅克文明、萨波特克文明、托托纳克文明、托尔特克文明和墨西卡文明（即阿兹特克文明）为后世留下了许多城市中心遗迹和艺术作品，其魅力经久不衰，时至今日仍令后人为之赞叹。◆

下图是阿兹特克人的羽蛇神克查尔科阿特尔的翡翠雕像。它是从古典时期开始发展的中美洲文化最重要的神灵。

地理位置

中美洲文明分布广泛，所处区域地形多样，从墨西哥当前领土的北部一直延伸到尤卡坦半岛和中美洲的丛林山麓，有土壤肥沃的山谷，还有墨西哥山谷中由湖泊和潟湖组成的湖盆地区。

奇奇梅克

埃尔塔津

奥尔梅克

托尔特克　图拉

特拉斯卡拉

塔拉斯科

特斯科科湖　特奥蒂瓦坎

特诺奇蒂特兰

蒙特阿尔班

米斯特克

萨波特克

太平洋

宗教

中美洲各社会奉行对各类神灵的献祭，这些神灵与自然和宇宙相关，上至日与月，下到火和雨。其中以人祭最具代表性，他们的血液、皮肤和心脏是最宝贵的祭品。

尤卡坦半岛

玛雅

墨西哥湾

特诺奇蒂特兰

"乌克斯帕纳帕的斗士"是奥尔梅克人最具特色的艺术表现内容之一。

奥尔梅克人

奥尔梅克人于公元前1250年前后定居于此，繁衍生息，直到公元前500年左右日渐衰落。他们主要围绕圣洛伦索、特雷斯扎波特斯和拉文塔三个典礼中心发展文明。

"大美洲豹骨灰瓮"的历史可追溯到公元8世纪，是在蒙特阿尔班发现的萨波特克文化中最有价值的作品之一。

辉煌的大都市

蒙特阿尔班建于公元500年前后，是美洲最古老的城市之一，萨波特克文化的古典之都。蒙特阿尔班、图拉、埃尔塔津和特诺奇蒂特兰等古代城市遗迹提供了丰富的考古资料，从中可以一睹中美洲的灿烂文明。

历史和社会组织

历史和社会组织

从部落到帝国

史学家和人类学家通常用"中部美洲"一词指代中美洲地区，这个地区在16世纪初西班牙人入侵之前就拥有高度发达的文明。尽管不同民族的语言和艺术风格等不尽相同，但文化和宗教的统一程度却令人惊叹。奥尔梅克文明是最早的前古典文化之一，许多文化特征被后来的文明沿袭，包括象形文字的发展、历法的使用，以及球类运动的习俗。

在奥尔梅克文明走向衰落的同一时期，萨波特克人定居在瓦哈卡州，以蒙特阿尔班城为主要生活中心。

❖ **信仰**　墨西卡人祭祀大量的神灵，并对它们的陶瓷雕像进行装饰。

蒙特阿尔班城建在一座人工填平的山顶之上，可容纳35 000人左右。伟大的礼仪文明特奥蒂瓦坎起源于前古典文化的分支，特奥蒂瓦坎是墨西哥第一个真正意义上的城市文明，与同时期位于南部的其他文明相比，除了雕塑艺术和宗教历法，它在各个方面都遥遥领先。古典文化先是于公元7世纪左右在特奥蒂瓦坎销声匿迹，两个世纪以后在其他地区消失不见，而后在整个中美洲迎来了终结。尽管学者们众说纷纭，但调查研究目前仍处于迷雾之中，原因尚未揭晓。那段时期的中美洲历尽艰辛，各个文明陆续衰落，人们纷纷迁移。墨西哥山谷大量移民涌入，先是奥托米人，后是纳瓦人，也就是后来的托尔特克人。他们在图拉城定居，镇压了当地的土著居民，于公元900年后不久建立了第一个后古典时代的军国主义帝国。与此同时，另一群从西部来到瓦哈卡州的米斯特克人占领了已经没落的蒙特阿尔班，取代了萨波特克人的位置。两个世纪后，这个地方又遭遇了许多陌生侵略者的侵袭，其中包括奇奇梅克人，他们先后在特纳尤卡和特斯科科建立了自己的中心。奇奇梅克人带来的冲击致使托尔特克文明中心遭到破坏并由此衰落。图拉城失去了庇护，遭受了新的入侵，不过，这并不妨碍托尔特克文明声名远扬。后古典时期

的主要贵族都极力追寻自己与古托尔特克贵族的渊源。

在山谷主人权力更达的动荡中，许多小城邦纷纷建立，相互敌对，谋求霸权，不过这并没有阻止文化间的活跃交流。最终，起源于纳瓦族的阿兹特克人（墨西卡人）在12世纪到达了这片土地，他们与邻国交战，这些最优秀的斗士最终统治了山谷乃至连接太平洋和大西洋的整个墨西哥中部地区。

不同族群你方唱罢我登场，依托许多彼此相连的浅湖发展，这其中既有淡水湖也有咸水湖。特斯科科湖是一片大型湖泊群的一部分，占据了山谷的中心，四周群山环绕，因此成为绝佳的居住地。中间的盆地在此之后成为中美洲北部移民的主要目的地之一。湖中有许多小岛，其中最大的一座因成为阿兹特克人的居住地而名声大噪。

拓张历程

阿兹特克人（他们也自称特诺奇人或墨西卡人）在这个地区定居的过程充满了艰辛。在他们到达之初，大片肥沃的土地已被占领，他们不得不在当地较多的沼泽地定居。也许正是这种逆境激发了他们的聪明才智，成功找到最大限度利用这种边缘土地的办法。

❖ **墨西卡首都**   墨西哥画家和壁画家迭戈·里维拉 (Diego Rivera) 的作品《伟大城市特诺奇蒂特兰》反映了这座都市曾经的宏伟壮观 (上图为画作的局部)。

❖ **雕像** 阿兹特克人留下了大量雕像，雕刻的对象包括首领、祭司、战士和诸神。

这个民族起源于何处尚不完全清楚。据部分研究人员推测，他们曾是一个小部落，被驱逐出一些地方，在环绕中美洲北部一圈寻找居住地后到达了墨西哥山谷。随着后来渐渐占领该地区的移民浪潮的到来，他们最终在特斯科科湖附近定居。

在这庞大的移民群体中，阿兹特克人时常面临与敌对邻人作战的考验，他们因骁勇善战而初露锋芒。刚开始，他们是该地区居民的雇佣军，逐渐地，他们将整个地区收入囊中，成为这个地方的主人，在随后的两个世纪中，阿兹特克人成功建立起强大的帝国。

在到达山谷近一百年后，他们放弃了原始的部落组织形式，转而采取较为复杂的社会结构。阿兹特克人保留被统治地区人民的自治权，但同时也强制要求他们履行某些义务，例如向军队缴税和应征入伍，以便为发动战争做准备。

若有人起义叛乱，阿兹特克人会委派军事总督进行镇压。

随着人口数量日益增加，阿兹特克人建立了高级的民事和军事机构。到15世纪初，这个地区的面貌已焕然一新。1325年，曾经的原始沼泽村落变成后来的城邦首都特

❖ **雕像** 墨西卡人复刻了他们的主要圣殿，以此作为祭品。

冲　突

1267年前后，墨西卡人在特斯科科湖西岸的查普尔特佩克定居，生活平淡，极少发生意外。但后来，他们开始与邻近部落发生矛盾，冲突日益加剧。一些研究表明，这些冲突起因于阿兹特克青年在附近城镇强抢妇女，这在当时虽然是相当普遍的习俗，但是，附近城镇不堪忍受屈辱，不久后便联合起来终结了这种暴行。

这场对抗的结果对墨西卡人来说无疑是致命的：他们在1298年被彻底击败，除了一部分逃到湖中一些小岛上的人，所有在库尔瓦坎领土的墨西卡人均被奴役。随后，这些被奴役者设法逃脱，并与岛中的难民一起正式组建了特诺奇蒂特兰城，意即"特诺克的墨西卡人之城"，以纪念其主要首领之一。

诺奇蒂特兰，城市里散落着带有花园的露台，街道与独木舟的水道纵横交错，宏伟的建筑物和古迹凸显了这座城市错综复杂的组织架构，20万人在其中安居乐业。

崛起之路

1440—1446年，在干将伊兹科阿特尔的带领下，阿兹特克人从特帕内克部落解放出来，随后与邻近城邦特斯科科和特拉科潘的地方首领建立了三方同盟。每个城邦都有自己的领地，三个城邦共同组成了阿兹特克帝国的核心。每当需要集中力量办大事，例如对其他民族采取军事行动或启动公共工程时，同盟就会发挥作用。

1440—1469年，在蒙特祖玛一世（Moctezuma I）的统治下，阿兹特克在联盟中逐渐占据了主导地位，统治范围也从太平洋沿岸扩展到大西洋沿岸。由此，阿兹特克人的力量日益壮大，转而领导了整个帝国，自然也征收到比盟友更多的贡品。后续几代首领继续东征西讨，1502年，蒙特祖玛二世（Moctezuma II，1466—1520年在世）继任，此后，阿兹特克人的触角向南延伸直到玛雅人的领地，向西征服了米却肯州的一部分土地。

当西班牙侵略者踏上这片土地时（1519—1521年），阿兹特克这个庞大

帝国的辉煌持续了还不到一个世纪。

　　阿兹特克帝国由38个州组成，尽管需要缴税，但其行政自治权仍被保留，甚至有许多诸如特拉斯卡拉的城邦在阿兹特克人管辖下也具备政治独立权。因此，阿兹特克帝国并不是一个统一国家的结构，虽然他们对这个庞大的联合体实行了霸权统治，但却无法超越联盟更进一步，成为一个统一的国家。不过，他们当时正逐步建立起牢固的统治体系，国家管理已相当集权化且广泛官僚化。

政治与社会架构

　　阿兹特克是军国主义形式的国家，与前古典时期的神权主义国家截然不同。

　　帝国最高首领被称为"休伊·特拉托阿尼"（又称"伟大的发言人"）。他是至高无上的统治者，职责范围极广，包括从指挥军队到承担

奴隶制

❖❖❖

　　奴隶制在前哥伦布时期的墨西哥非常普遍，成为奴隶的原因有很多：可能因为遭到绑架或战败被俘为奴；若犯下拖欠债务等罪行，也会因受罚而变为奴隶；甚至父亲可以将儿子作为奴隶卖掉。不过，对阿兹特克人来说，成为奴隶并不意味着被剥夺所有权利。实际上，他们可以拥有个人财产，只不过没有主人的允许或充分的理由不得出售这些财产。此外，奴隶的孩子是自由人，并不一定重蹈父母的命运。阿兹特克社会中的奴隶一般承担较为务实的工作，包括家务和货运工作。

政府的主要工作，其连任需获得贵族群体"特拉佐·皮皮尔廷"的一致同意，他们是托尔特克国王的后裔，在帝国之内备受尊重。当最高首领缺席时，由他的"另一个自我"西瓦克阿特尔（即"蛇女"）辅政。"休伊·特拉托阿尼"任命的各个州长也被称为"特拉托克"，负责管理下属城市。州长与地方政府的职责包括收缴所需税赋，维持地方秩序。

❖ **雕塑**　查克穆尔神(Chac-Mool)的雕塑，来源于图拉，其腹部的容器用于放置活人祭品的心脏。

所有这些高级官员构成了贵族阶层（即"皮皮尔廷"），他们属于古老部落的贵族，占据了社会金字塔的顶端。"社会金字塔"一词表明这是一个高度等级化的社会，根据某些群体和个人的等级以及行使的权力进行组织。在战场上立下个人战功的勇士"库奥·皮皮尔廷"（又称"贵族之鹰"）也可跻身贵族行列，享有尊贵特权，比如，在公职分配中享有优先选择权；不需要纳税；可以拥有私人财产；受自己的法院管辖；拥有专用的服饰；其子女可以进入专门的学校接受教育。

但是，在这样的社会中，贵族并不是唯一享有特权的阶层，祭司也同样享有特权。

◆ **殡仪馆**　公元 3 世纪的米斯特克石碑，上面有冥王米克特兰特库特利（Mictlantecuhtli）的浮雕。

社会的中间阶层主要是广大的手工匠人。由于粮食富足，他们得以摆脱农业劳作。手工职业由父亲传给儿子，是父辈所能给予的最宝贵的遗产之一。这个行业需要专门知识和特殊培训，主要是为了满足统治阶层的需求，当然，这些需求大多是奢靡且多余的。

一些商人在从事奢侈品对外贸易的同时为墨西哥统治者收集情报，尽管他们属于中间阶层，但在墨西哥社会中仍享有一定特权。

帝国人口的主体是平民（即"马塞瓦尔廷"），他们根据皇室、礼仪或亲属关系分为较大的家庭公社，被称为"卡尔普里"。"卡尔普里"的内部组织与安第斯山地区的"阿伊鲁"氏族公社内部组织相同。组织成员共同耕种土地，同时也共同开展其他活动，如打仗和祭拜特定的神灵。

金字塔的下一层是短工（即"马耶克"），也就是耕种贵族土地的农民工。他们与土地紧密捆绑，随着不动产被一同传给贵族的下一代。

最后，社会的最底层是奴隶（即"特拉特拉科廷"）。

花之战

备战和打仗是阿兹特克人经济和精神生活的中心。战争为阿兹特克人带来了经济利益，通过对邻近民族的征战带回了香料、奴隶劳动力和农业用地等战利品。与此同时，宗教也从中获利，抓获的俘虏须在仪式和祭祀中献出鲜血。

有记录表明，1450 年前后，几次干旱和饥荒令墨西卡人陷入困境。忧心忡忡的蒙特祖玛一世 (1389—1460) 请教了祭司，得到的解释是神灵同样在挨饿，于是决定与凡人分享命运。为了解决危机，阿兹特克人开始寻找更多的心脏供养他们的神灵，以期解决饥荒问题。这就诞生了所谓的"花之战"，这是一种仪式性的战斗。来自各州的最英勇的战士相聚在一起以建立"丰功伟绩"，他们用捕获的俘虏来供奉饥饿的神灵。

如果一个战士被俘虏，那么他将被献祭给太阳，无比光荣地死去；如果他得以存活，将会获得名誉；如果他被杀死，其尸体将会被火化，死后得以去往战士居住的天堂，这是角斗士特殊的荣誉。

最著名的几场"花之战"是特斯科科、特诺奇蒂特兰和特拉科潘的战士之间的几场战役。

❖ **战士们**　在战场须尽力避免杀光对手，以活捉俘虏。

古文化

　　在被西班牙殖民前，中美洲孕育了该地区两个最伟大的文明奇迹：奥尔梅克文明和萨波特克文明。奥尔梅克人最早出现在墨西哥湾沿岸，领土面积达到 18 000 平方千米。公元前 1200 年前后，奥尔梅克人建造了几个重要的礼仪和政治中心，其中，最著名的有特雷斯萨波特斯、圣洛伦索和拉文塔。专业石雕匠用一双巧手为后世留下了珍贵的浅浮雕和大型雕塑等遗产。在奥尔梅克文明的末期，萨波特克人居住于农业公社中，他们主要崇拜的神灵是雨神科奇乔（Cocijo，意为"闪电"）。其文化中心建在蒙特阿尔班，位于现在的瓦哈卡州。◆

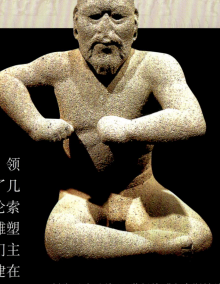

创作于公元前 14 世纪的"乌克斯帕纳帕的斗士"展现了奥尔梅克人独特的艺术表现形式。

蒙特阿尔班遗迹

山城

　　蒙特阿尔班市是萨波特克人的军事和文化中心，建在一个人工填平的山顶之上，以球场、众多平台和庙宇闻名，其中，最著名的当数公元前 500 年左右建造的舞者神庙。据估计，该市最多可容纳约 35 000 人。

上图展现了典礼和宗教仪式的**场景**。蒙特阿尔班的堡垒内保留了在矩形表面上创作的浮雕，其中一些反映了人们日常生活和宗教信仰的方方面面。

广阔而多样的领土

　　中美洲早期几个被人类文明占据的地区跨越了四种截然不同的地貌：北部主要是沙漠，许多游牧民族在此游荡；中部被山谷和高原所环绕，有数个不同的山脉；南部有大量的火山；最南端则被雨林覆盖，一直延伸到尤卡坦半岛和中美洲最南端。

石头雕像

　　这是奥尔梅克文明的标志性作品，是其最卓越的遗产。头像普遍为圆形且体量庞大，其中一些雕像高达 4 米。据信，石像塑造的形象代表着神或统治者。这种石像在拉文塔、圣洛伦索、特雷斯萨波特斯和科巴塔等地也被用作御座。

　　男性头像，创作于公元前 13 世纪，拉文塔保留的 16 座雕塑之一。

材料　奥尔梅克人与邻近的城镇进行交易，以获取玄武岩、朱砂石、玉石和黑曜石等材料，运输距离超过 80 千米。

面孔　奥尔梅克石雕塑造的主要是非洲人和亚洲人面孔。嘴巴特征明显，嘴唇（尤其是上唇）丰满，嘴角通常下弯。

自然元素　奥尔梅克人在石头上雕刻，除拟人化的图案外，他们还根据当地丰富的动物种类在石头上雕刻了动物形状的图案，其中最多的是美洲豹和蛇。

特奥蒂瓦坎和埃尔塔津

作为城市和各类典礼中心，特奥蒂瓦坎和埃尔塔津见证了中美洲文化古典时期最辉煌的时代。这两座城市初期的发展可以追溯到公元 1 世纪，特奥蒂瓦坎的发展在公元 5—6 世纪达到巅峰，埃尔塔津则在公元 7—10 世纪迎来了黄金时期。两座城市均建有特殊建筑，主要是各类宫殿和庙宇，其中最著名的是壁龛金字塔和太阳金字塔，它们的影响甚至延续到玛雅文化中。◆

壁龛金字塔的背面

祭礼

特奥蒂瓦坎和埃尔塔津的金银手工艺品的风格带有深刻的宗教烙印。西佩·托特克（Xipe Totec，如左图的小雕像）不仅是春天和植物之神，还是手工匠的守护神。

壁龛金字塔

埃尔塔津典礼中心位于现今的韦拉克鲁斯市北部，是托托纳克文明的心脏，在西班牙人入侵前便屹立于此。埃尔塔津又被称为雷神圣城，是当地文化的卓越代表。城市中有一系列的球场、宫殿和庙宇等建筑，其中最著名的非壁龛金字塔莫属，它是 1785 年由一位西班牙官员在视察私自种植烟草的情况时偶然发现的。

太阳金字塔

太阳金字塔建于公元 1—2 世纪，高 65 米，是特奥蒂瓦坎规模最大的建筑。每年 8 月 13 日，它都精准地正对日落水平线。太阳金字塔的顶部是一座庙宇和一尊神像，其地下洞穴通往四扇以花瓣状排列的门，由此可以通往其他房间。金字塔的楼梯多达 238 级台阶。

宝藏　在埃尔塔津的遗址中发现了许多雕刻、浅浮雕作品和物件，如左图在礼仪斧上雕刻的战士头像。

壁龛　金字塔有7层，共放置了365个壁龛，与太阳年的天数相对应。

羽蛇

　　装饰着羽毛的蛇象征着特奥蒂瓦坎的克查尔科阿特尔神，是中美洲古典文化的独特标志。在中美洲古典文化中，它是风神、生命之神和肥沃之神，是玉米和日历的创造者，也是农业的保护神。

壁龛　内部被漆成明亮的蓝色和红色，一些考古学家认为，壁龛内部还放置了灰泥雕像。壁龛金字塔建在另一座较早的金字塔之上，据信，它曾是一个巨大的太阳历和农历。

建造　壁龛金字塔建在另一座单体金字塔上，塔高18米，总占地面积为36平方米。

托尔特克和米斯特克

特奥蒂瓦坎古城的陷落标志着边境人民开始往墨西哥中部迁移。其中，托尔特克人于公元9世纪中叶建造了首都图拉城，成就令人瞩目。最初，托尔特克人沿袭了祭祀羽蛇神的相关礼仪，但这种信仰在公元987年被禁止，羽蛇神的信徒随之被放逐至尤卡坦州。到了公元10世纪，米斯特克的战士们陆续盘踞在瓦哈卡州，将萨波特克人逐出蒙特阿尔班，并占领了他们的城市。米斯特克人还在米特拉建立了另一处重要的行政中心，许多豪华宫殿拔地而起。◆

人、动物和神的形象是米斯特克文明常见的装饰。上图是在蒙特阿尔班发现的"大美洲豹骨灰瓮"，其历史可追溯至公元8世纪。

五彩斑斓的艺术 米斯特克的陶瓷以其多彩斑斓著称，其中，黑色、棕色、黄褐色、黄色、橙色和红色最为常见。蓝色主要应用于壁画的绘画中。

晨星废墟景观

金星羽蛇神神庙

该庙以"晨星"闻名，结构为金字塔，顶部为庙宇，建有供通行的石阶。庙宇顶部由托尔特克战士形象的雕像托起。庙内有鹰嘴和美洲豹的装饰，鹰嘴里衔着人的心脏。

手抄本
它们是米斯特克文明最直接的见证。这些抄本由榕木纸和鹿皮制成，讲述了米斯特克人所处的时代、宗教信仰和战争。

特雷斯·阿古瓦
辛科·拉加托国王(Cinco Lagarto)的儿子，继承了王位，并且是上米斯特克族群的第一位统治者，于1022年在格查尔举行的祭祀仪式上去世。

奥乔·谢尔沃
中部墨西哥的米斯特克国王。他的名字曾是一个传说，他曾多次兴兵收复失地，统一了全族。

图拉的**典礼中心**展现了宏伟的石造金字塔。根据传统，米斯特克人在建筑方面的天赋来源于他们对工作的竭尽全力。

伟大的首都 到1050年，图拉已成为一座大都市，是统治墨西哥中部的帝国的首都，其辐射范围也延伸到了偏远之地。

图拉的人像柱

代表四名身着羽蛇神符号的托尔特克战士形象的人像石柱，象征着城市的好战特性。每根柱子均由四块玄武岩组成。

多塞·坎帕尼亚 米斯特克王子，出生于993年，以绰号"嗜血美洲豹"著称。可以看出，他因战争中的英勇表现而声名在外。

塞斯·拉加托 抄本中描述的妇女。她被称为"翡翠饰"，15岁时与布尔托·德·西佩的国王翁塞·别恩托（Once Viento）结婚。

努埃韦·弗洛尔 蒂拉尔顿戈王朝的成员，出生于1015年。与其他米斯特克国王一样，他的绰号"带箭树脂球"更是广为人知。

特诺奇蒂特兰

特诺奇蒂特兰作为阿兹特克帝国的首都，是中美洲乃至整个美洲最强大的城市，也是当时世界上规模最大的城市之一。它建于 1325 年，鼎盛时期可容纳约 25 万居民。在城市中心的显眼位置，人们划分了一块圣区作为当地宗教生活中心，里面建有许多用于统治阶级居住、接受教育和举办仪式的建筑。此外，用于供奉人类祭品的尊贵场所大神庙也在这个区域。1521 年，在埃尔南·科尔特斯（Hernán Cortés）的指挥下，这座城市被西班牙侵略者摧毁，但随后又根据欧洲美学标准进行了重建。◆

大神庙 宽阔的楼梯通向两座礼仪圣庙，其中供奉着特拉洛克（Tláloc，阿兹特克的雨神）和威齐洛波奇特利（Huitzilopochtli，阿兹特克的战神）。大神庙的底座上雕有人像。

圣区

位于特诺奇蒂特兰的中心，区域长 350 米，宽 300 米。其中最庞大的建筑大神庙高 42 米，石阶宏伟壮观，共有 114 级台阶。圣区周围建有高 2.5 米的高墙，墙上装饰着精美的蛇形图案。

圣区的**表面**覆盖有黏土，使其具有典型的微红色调。

飘浮的城市

特诺奇蒂特兰城建在特斯科科湖中央的小岛上，通过高效运行的运河和桥梁网络与其他岛屿相连，总共形成了 6 座城市。阿兹特克人使用湖泊植被、土壤和植物根茎建造了多座人造小岛，也被称为"奇南帕"。最初的奇南帕被用作耕地，后来又增盖了住所，通过桥梁与城市相连。

住宅区 供统治帝国的贵族和祭司居住。他们自小就被送到此处接受教育。住宅区配有体育锻炼的场所和传授宗教与天文学的教室。

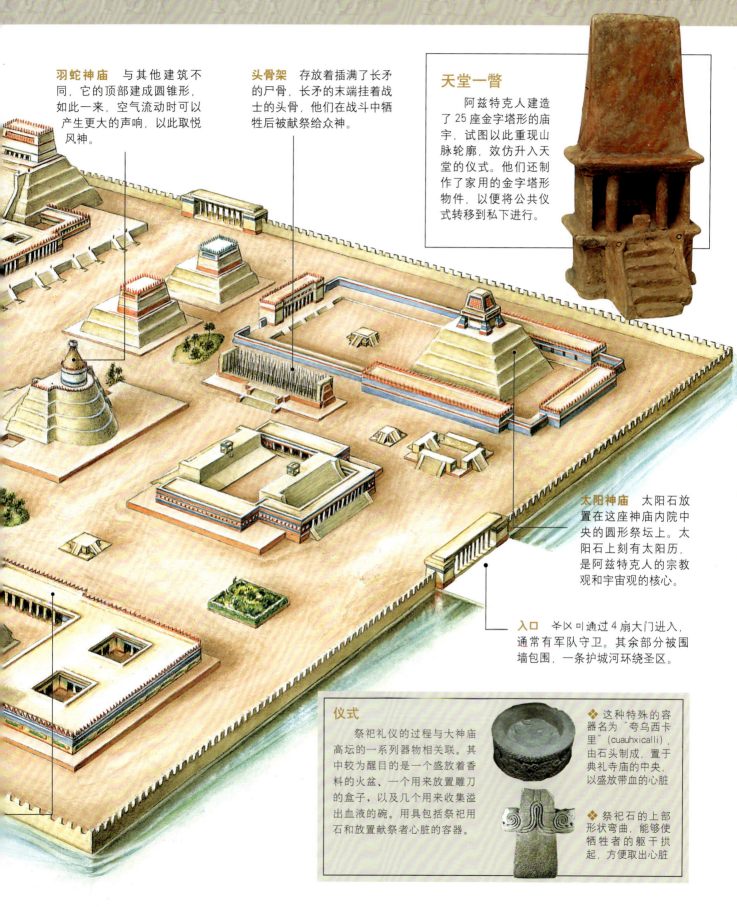

羽蛇神庙　与其他建筑不同，它的顶部建成圆锥形，如此一来，空气流动时可以产生更大的声响，以此取悦风神。

头骨架　存放着插满了长矛的尸骨，长矛的末端挂着战士的头骨，他们在战斗中牺牲后被献祭给众神。

天堂一瞥
　　阿兹特克人建造了 25 座金字塔形的庙宇，试图以此重现山脉轮廓，效仿升入天堂的仪式。他们还制作了家用的金字塔形物件，以便将公共仪式转移到私下进行。

太阳神庙　太阳石放置在这座神庙内院中央的圆形祭坛上。太阳石上刻有太阳历，是阿兹特克人的宗教观和宇宙观的核心。

入口　羊区叫通过 4 扇大门进入，通常有军队守卫。其余部分被围墙包围，一条护城河环绕圣区。

仪式
　　祭祀礼仪的过程与大神庙高坛的一系列器物相关联。其中较为醒目的是一个盛放着香料的火盆、一个用来放置雕刀的盒子，以及几个用来收集溢出血液的碗。用具包括祭祀用石和放置献祭者心脏的容器。

❖ 这种特殊的容器名为"夸乌西卡里"（cuauhxicalli），由石头制成，置于典礼寺庙的中央，以盛放带血的心脏

❖ 祭祀石的上部形状弯曲，能够使牺牲者的躯干拱起，方便取出心脏

皇帝

　　特拉托阿尼，即皇帝，是阿兹特克文明的主要政治和社会决策者，主持社会全局，终身作为阿兹特克人的名义首脑。各个"卡尔普里"（即家庭公社）选出代表组成大议会，辅佐皇帝，其职能包括选举一个四人议事会以任命皇帝。皇帝驾崩后，在选举继任者的同时，新的大议会也即刻当选。作为当选者的特权，新皇帝身着最华丽的服饰，居住在宽敞豪华的宫殿内。皇帝前往阿兹特克联盟各城的巡视可谓轰动一时的大事件，需要数百人在沿途伺候其饮食起居并保障其安全。◆

典礼华盖 用于保护皇帝免受恶劣天气的影响。华盖上绣有金银丝，样式精美，并加以石头点缀。华盖的主要颜色是绿色——阿兹特克圣鸟"格查尔"羽毛的绿色。

皇帝巡视示意图

皇帝的旅途

　　为了加强对帝国的统治，历任皇帝必须前往各个主要城市，向神灵献祭并主持宗教仪式。皇帝的旅途涉及数百人的调动，包括一个大型宫廷代表团、官员、妃嫔和一支庞大的护送队伍。

手握多权

　　皇帝远非国家元首那么简单，他象征着人类与神灵的唯一媒介，因此，他同时又是帝国的首席祭司，由他主持仪式，聆听神意，进行各类占卜和预言。每个人都必须对他保持绝对的尊重。不同等级的贵族、官员和祭司拜见皇帝都必须遵循一整套严格且正式的礼仪。

❖ 皇帝会得到各种顾问的协助，他们通常是皇室成员、祭司和经验丰富的军事首领。根据《马格里亚贝奇亚诺手抄本》(Códice Magliabecchiano) 所绘，上图为1550年前后一群顾问拜见皇帝的场景

举着华盖的**仆人**应低头注视地面，任何情况下都不得抬头注视皇帝。一旦有此行为就会被视为不敬，将被判处死刑。

皇帝之路 皇帝有一支庞大的随行队伍来满足他的任何需求。此外，随行人员需要提前对路线进行清扫，包括清除路面上的石块、木头、植物和骨头等。

皇家随从　皇帝身后的队伍聚集了祭司和军事首领，殿后的护卫人员由精锐部队组成，负责保障皇帝及其宫廷人员的安全。

贵族妇女　她们身着艳丽的服饰，通常是颜色鲜艳的罩衫、裙子和披肩，还戴着闪闪发光的金项链、金耳环和羽毛头饰。有时，一些社会地位高的妇女也被允许穿凉鞋。

皇帝　皇帝始终受到宫廷护卫和私人护卫的保护，身着与他人不同的特殊的精美服饰和头饰。在行程的某些路段他会坐在一种特制的小车上，由仆人推动前行。

社会阶层

阿兹特克社会等级森严。总的来说，阶级分为贵族（即"皮皮尔廷"）和平民（即"马塞瓦尔廷"）两个大类，内部根据其特性又划分出数个群体和阶层。贵族阶级中祭司和战士地位突出，他们控制了信仰和兵权，掌握了墨西卡权力的命脉。贵族阶级还包括商人群体，尽管他们出身布衣，但仍被视为富裕阶层。◆

《科斯皮手抄本》（Códice Cospi）中的细节，可以看到其中绘有一名阿兹特克美洲豹武士

重要象征 双头蛇是阿兹特克人的象征体系中最常见的形象之一，通常出现在各类浮雕和装饰中，是水神和肥沃之神特拉洛克的象征之一。

社会分工

阿兹特克人在社会中各司其职，贵族"皮皮尔廷"组织和领导不同的社区，平民"马塞瓦尔廷"则负责完成社会运作所需的各类工作。随着时间推移，"皮皮尔廷"的特权进一步扩大，而后又将特权传给他们的后代。下层人士大多从事农业生产，部分人从事一些专业工作，包括木匠、金匠和陶工等，职业种类达到约 32 个。

祭司

祭司负责主持祭礼和仪式。宗教在阿兹特克人的生活中举足轻重，因此祭司是一个很庞大的群体。据估计，仅在特诺奇蒂特兰就有大约 5 000 名祭司。祭司从贵族的未成年后代中招募，要接受严格的教育。学业完成后，他们被安排到不同庙宇中，协助经验丰富的祭司服务信徒、组织歌唱和献祭等活动。祭司也接受人们的忏悔，并提供建议。

祭司负责在特定的庙宇中对数量庞大的神灵进行祭拜，其中最重要的神灵就是火神和日光之神休特库特利。右图是一尊身着火神标志服饰的祭司雕像。

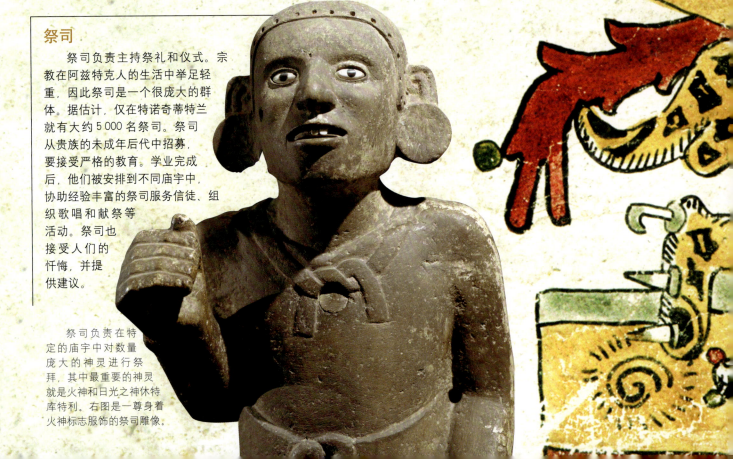

军队　由职业战士组成。其中最著名的是"美洲豹武士",身着与其他战士不同的美洲豹战服。他们的征战为帝国赢得了财富,为祭祀活动获取牺牲品,在帝国中扮演着重要角色。

武器　战士们的武器包括木矛、弓箭、小棍或大棒,镶入黑曜石刀片,或一块坚硬而锋利的火山岩。

商人

　　商人因经商途中可以不断获得途经地区的内部状况、地理和经济条件等信息,因而具有极高的社会声望。这些信息通常被用来为新一轮的军事征服做准备。

❖ 商人向皇帝进献他们贸易区域的商品,皇帝会将其中一部分赠送给他的战士们。上图为《佛罗伦萨手抄本》中的插图。

社会和日常生活

社会和日常生活

战士与手工匠

阿兹特克社会的食物、住所、工作用具和衣物供应充足，因而数量庞大的人口能够在这个社会架构下和睦相处。政府考虑的重点之一是如何满足随着人口增长而不断扩大的需求。农业是阿兹特克人生活的根基，主要农作物包括玉米和各种豆类。因适于耕种的土地日益短缺，阿兹特克人的许多行动都以拓展耕地为目标，包括殖民其他被征服的地区或建造奇南帕，从而获得新的耕地。新的领土对阿兹特克人不仅意味着获取新耕地，也意味着一个新的纳税省份的诞生。"卡尔皮斯基"（意即"国家的守卫"）负责税收，保证国家的财政收益。各省需要缴纳的贡品包括

食品和原材料、战士和祭司的服装、毯子、陶器和其他艺术品等。阿兹特克人将大片沼泽地转建为肥沃的奇南帕，有效拓展了耕地，提升了农作物产量。这些奇南帕是真正的"水上田园"，为阿兹特克的农业带来了新的生机。

制造业和商业在阿兹特克经济中同样举足轻重。手工生产阶段的制造业可为农耕提供辅助，社会中大多数家庭可以生产自己所需的各类工具、器具和衣物。"波奇特卡"（pochteca）扮演了经销商的角色，他们从特诺奇蒂特兰运走纺织品、各类制成品、金银手工艺品，带回羽毛、可可和烟草，足迹远至今天的危地马拉。"波奇特卡"通过以物易物方式进行贸易，不过，据可靠资料，当时已经出现了早期的货币，此外，毛毯、金属制品和可可种子都可以充当货币的角色。

饮食习惯

玉米是阿兹特克人最基础的食物，可制成玉米饼作为主食。玉米饼

是一种扁平的馅饼，由玉米粉制成，不经发酵，直径不小于23厘米。

孩子们从三岁起每天吃半个玉米饼，四五岁时分量翻倍。不同豆类和野味的搭配食用使阿兹特克人的饮食种类丰富且营养均衡。豆类蛋白质含量高，是非常有营养的食品。阿兹特克人还会在饮食中加入南瓜、甜瓜、鼠尾草、地瓜、绿辣椒和红辣椒、鳄梨和西红柿等食物。

龙舌兰植物的浆液经发酵可以产出龙舌兰酒，即一种类似于啤酒的饮品，被广泛用于酒饮和在祭礼上用作麻醉剂，因此对国内经济相当重要。此外，它可以弥补墨西卡饮食中因蔬菜缺乏而造成的营养不足。龙舌兰植物里的蠕虫、蝗虫、蚂蚁、昆虫，以及一种沉积在湖水中的蝇类幼虫也是阿兹特克人的重要食物。

在有条件的情况下，野味也是蛋白质的来源。季节性迁徙的鹅、鸭和其他野生鸟类同样是阿兹特克人餐桌上的美食，这样的迁徙至今仍可在墨西哥的湖泊中观察到。阿兹特克人也用渔网或用鱼叉捕捞鱼类，或生吃，或煮熟食用。尽管植物和农作物的种类丰富，但阿兹特克人饲养的家畜却寥寥无几，狗是其中一种可以食用的家畜。农民的食物需要通过社区上缴一部分给高官，剩余的自给自足，这也使高官们可享用的食物种类比农民丰富数倍。

◆ **宽口容器**　带有精致的凹纹装饰，用于存放龙舌兰酒，即龙舌兰植物的浆液发酵而成的酒精饮料。

❖ **市场**　阿兹特克人日常生活必去之地。上图是重构的市场模型。

❖ **查尔丘特利奎** 湖泊与河流女神，也是生育的守护神，左图是某个抄本中女神的图像。

教育

阿兹特克人纪律严明，儿童断奶以后就要接受严格的教育，以便尽早了解成人生活所需承担的义务。六岁之前学生需要反复接受各种布道和劝诫，此外，还会被教导如何使用家庭用具，并承担一些较轻的家务。

不听话的孩子在八岁之前仅仅是接受"训诫"，但一旦过了八岁，若有任何叛逆行为，都会遭到残酷的体罚，例如在夜间或天气条件恶劣的时候被浑身赤裸地绑在沼泽地中，或者在手上被钉入龙舌兰的刺。

15岁到16岁的青少年会接受某种特定的培训，以使他们能够顺利进入成年人的状态中。

有两种学校提供对青少年的教育。"特尔波奇卡尔利"（即青年之家）提供普适教育，对学生进行公民义务、艺术、技能、历史和传统方面的指导以及武器使用的训练，同时也包括进行宗教规范方面的培训。

另一所教育机构名为"卡尔梅卡克"，专门培养青年人履行神职人员的义务。它与神学院类似，针对祭司应尽的职责开展专门教学。"卡尔梅卡克"通常位于庙宇附近。

死刑

阿兹特克人若犯下任何危及社区财产的罪行，犯罪者将面临被流放或被处以死刑。

在皇帝巡视道路上抢劫将被处以死刑，而在市场上偷窃往往会立刻被乱石砸死。被处以死刑的依据通常为是否违背了社区的共同利益。谷物被阿兹特克人视为生存的根本，因此，在玉米生长期偷窃玉米是一项严重的罪行，将被处以死刑或奴役。但是，过路的行人可以食用与道路相邻的玉米棒以充饥，此类情况免受处罚。从庙宇中盗窃金、银或玉石，以及其他珍贵物品同样也会被处以死刑。

任何谋杀他人的行径，包括谋杀奴隶，都将受到死刑的惩罚。谋反者和叛徒也面临着同样的命运。

已婚者若未得到法律认定的离婚判决而通奸将受到严厉处罚，直至被判处死刑，而乱伦者将被处以绞刑。

少女则在另一类学校中学习女性神职人员的职责，例如用精致的羽毛制作服装。

婚姻

对男性来说，20岁是适婚年龄。相比之下，女性更早，年满16岁时就会被认为已具备结婚条件。双方喜结连理前必须遵循一套既定流程。首先，要请牧师预测夫妇未来相处是否和谐，然后双方会被告知一些约束，例如禁止乱伦或与属于同一氏族的人结婚。最后，在满足上述要求之后，新郎的父亲请其部落的两位老妇人给女孩的父母送礼。根据习俗，新娘的父母会拒绝这一请求，之后老妇人再次登门，与新娘的父母讨论嫁妆的数额，以回赠求婚者的聘礼。婚姻关系确定后会举行一场宴会，宴会上喷洒龙舌兰酒祝福新人。聆听完庄严的讲话之后，新人退场并斋戒四天，他们的婚姻关系才算正式缔结。

阿兹特克的战士社会战乱频繁，经常面临男丁衰减的状况，因而他们提倡一夫多妻制，这也是阿兹特克社会的普遍做法。第一任妻子比其他的妻子地位更高，且只有她的孩子有继承权。阿兹特克社会允许离婚，但需要满足一定

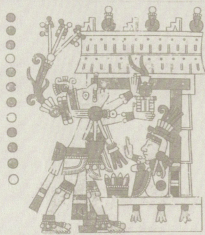

❖ **律动**　下图再现了
阿兹特克人演奏传统
音乐和进行舞蹈仪式
的场面。

家　畜

❖ ❖ ❖

　　与安第斯文明不同，墨西卡人
并不认识骆驼，因此未能利用这种
绝佳的货运动物。他们将犬类作为
家畜驯养，既可用来补充膳食，又
可用于祭祀仪式。值得一提的是，
阿兹特克最常见的犬类饲养品种与
奇瓦瓦狗非常相似。他们还饲养了
大量白色、黑色和红色的火鸡，烹
饪火鸡肉时会加入辣椒酱。他们利
用空心树和树干来安装蜂箱，以获
取蜂蜡和蜂蜜。

　　的条件。对男人来说，如果妻子不育、
长期性格恶劣，或是未能承担家务，男
人可以休妻；而对女人来说，如果丈夫
不能保证家庭收入，未能尽到教育子女
的义务或对她家暴，女人就可以离开丈
夫。离异女人可以改嫁给任何人，但若
丈夫去世，女人则必须与丈夫的兄弟或
同其氏族的男人结婚。

教育

阿兹特克社会通过公序良俗约束公民行为。社区可以为成员带来安全的环境和生计的保障，而脱离或被逐出社区的下场往往是死于敌人手中，

❖ **米克特兰特库特利**　地狱和死亡之神，下图是该神的雕像。

或处处受孤立而无家可归。阿兹特克法律体系的一个重要方面是对公开危害社会的行为做出了规定，违反社区准则就意味着丧失了公民权利。

随着人口增加，社会关系逐渐陌生化，以至于整个社会所熟知的人只有几位领导者，团结协作的意识大幅减弱。

因此，当集体的共同责任减少后，抢劫和其他轻型犯罪行为便与日俱增。随着职业分工和谋生方式日益多样化，社会上逐渐出现冲突和不公正情况。阿兹特克民族生性好战，早期往往通过武力解决个人矛盾，在这一阶段更是流血冲突频发。

因此，设立法院就变得非常必要，法院可以管辖社区秩序。

职业

阿兹特克人从事多种职业，包括商人、搬运工、船工、建筑工、水渠、运河和街道的清洁工，当然也不乏医生、产婆、法警、教师、法官、祭司、税务员、酒店老板和各类工匠。陶工、首饰匠、织布工和专门制笔的工匠等更加专业化，通常不再同时从事其他工作。随着手工技艺的发展，更多认为农耕无趣且收益较低的男性加入手工业中。

这个时期，冶金业仍处于起步阶段，金属的应用并不广泛。墨西卡的金匠使用铜镀金，以及使用铜与黄金的混合物进行制造，除部分精美的装饰品有幸保留下来，大部分黄金制成的本土物品最终都流向了西班牙铸造厂。从留存下来的项链、耳环、戒指的设计和形状可以看出，阿兹特克金匠技艺精湛，而西班牙人对埃尔南·科尔特斯大肆掠夺的记录中未能展现金匠技艺的全貌。

制陶业是美洲最重要的行业之一。墨西哥山谷中，不同族群和城镇都有自己的独特风格。与美洲大陆许多其他民族一样，阿兹特克人不使用制陶转轮，而是用储量丰富的黏土制作陶罐，依靠犀利的眼光和灵巧的手指捏出需要的形状。

至于木匠，木材加工都有着非常明确的用途。木材被大量应用于建筑和独木舟的制造，其中一些独木舟用火烧空树干制成。

粮食富余

墨西哥土壤肥沃，生产力高。即使是最原始的玉米田系统单产产量也很大。据计算，在这个生产系统中，一个五口之家190天内耕种的4~5公顷土地获得的粮食是他们所需数量的两倍多。

由此，阿兹特克的农业从传统的粗放型转变为集约型。另一方面，洪水定期将河泥沉积在河岸地区，促使该地区土壤愈发肥沃，带来丰收。这种农业生产方式需配备大型灌溉网络的辅助。粮食的富余让许多人摆脱了农业劳动，转而投身手工艺行业，并在城市中安身立命。

富余的粮食通常保存在专门设计的罐子中，这些罐子又被存放在受到严格保护的仓库内。

❖ **贮存农作物**　阿兹特克人将盈余的粮食保存在罐子中。上图为《佛罗伦萨抄本》中的插图。

阿兹特克人的住所

　　阿兹特克人的住所按其社会阶层的不同而各不相同，建筑平面通常呈长方形。农民居住的房屋主要用土坯、木头和稻草建造，统治阶级和城市区域的房屋则以石材为主。前者的房屋面积较小，用火把照明；后者的房屋则有一个或多个院子，院子周围设有房间。除皇宫和贵族的房屋，大部分人家徒四壁，即使有家具也是屈指可数。蒸汽浴是一个比较特别的设备，屋子旁边的火炉是主要热源，可以使墙壁大幅升温，户主进屋时将水洒在墙壁上，通过产生的蒸汽取暖。◆

食物 房屋周围摆放了装有玉米、地瓜、西红柿和其他蔬菜的篮子，以备烹饪之用。

男人 承担了大部分的农业生产和捕鱼工作，各家各户富余的食物会用大篮子运往集体仓库储存。

渔网 由浸没在湖中的木棍支撑，落入陷阱的鸭子和鹅就成了阿兹特克人餐桌上的美食。

奇南帕
　　奇南帕是一些漂浮在湖泊上的小岛形态的生态系统，专门用于耕种。阿兹特克人的住所通常建在这些小岛附近，方便在岛上耕作，获得的作物除了自己食用还需要上缴给统治阶级——贵族。耕作所需的器具存放在房屋内外。

屋顶 平坦或倾斜,覆盖多层稻草,由木制架构支撑。

墙壁 房屋由土坯建成,有一或两个房间,由布制窗帘或席子隔开。最贫寒的家庭甚至没有窗户,只有一扇门作为入口。

女人 负责家务,包括打扫房屋、缝制衣物和准备食物。

毯子 动物皮和垫子直接铺放在泥土地面上,是唯一用于休憩的家具。稍富裕的家庭的地板则用水泥或抛光石铺就。

石碾盘 一块中央轻微凹陷的石板,女人每天在上面碾磨玉米。

玉米饼 在椭圆形的黏土板上烤制而成。黏土板摆在地上,用石头撑起,在黏土板下面放置炭火。

阿兹特克女人

阿兹特克社会高度军事化，以男性为尊，女人必须严格遵守道德准则，承担诸多义务。女人永远被排除在名利争夺之外，生活重心只有相夫教子和无尽的家务。在阿兹特克文化里，女人从属于男人，在有男人的场合女人必须噤声，并且要无条件服从男性的命令。不过，女人仍然是社会结构的重要支柱，在家庭团结、社区工作和祭祀礼仪中发挥着重要作用。◆

繁重的日常劳作

阿兹特克女人承担着多种任务，包括家务、夫妻义务、参加宗教仪式和参与耕种等生产和经济活动。下图是抄本中记录的阿兹特克妇女日常生活的场景。

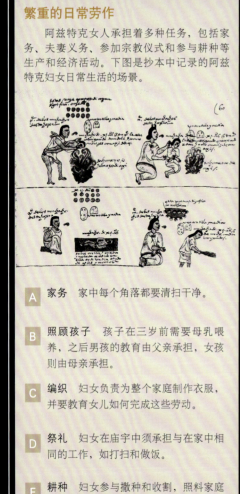

A 家务　家中每个角落都要清扫干净。

B 照顾孩子　孩子在三岁前需要母乳喂养，之后男孩的教育由父亲承担，女孩则由母亲承担。

C 编织　妇女负责为整个家庭制作衣服，并要教育女儿如何完成这些劳动。

D 祭礼　妇女在庙宇中须承担与在家中相同的工作，如打扫和做饭。

E 耕种　妇女参与撒种和收割，照料家庭菜园和收集柴火。

婚姻

在婚礼之前，女性的原生家庭会严格坚守女性的童贞之身。婚后女性全身心投入相夫教子当中。上图是《贝克尔抄本》（Códice Becker）中描绘的贵族婚礼的现场。

两性关系

两性之间只有两种关系被阿兹特克人视为合法，那就是婚姻关系以及在战争前单身战士与女性神职人员的关系，这些女性是在女神索奇奎特萨尔的庇护下专门挑选的。阿兹特克诸神中与性相关的还有一位愉悦之神特拉索莉捷奥特莉，代表快意、多产与生育能力。

装饰着几何图形图案的陶罐

家庭日常

妇女需要为一家人张罗食物和饮品，为此，她们自小在接受正式教育时就已经掌握了必备的技能，学习过程中需要在庙宇为神灵和祭司们准备食物。

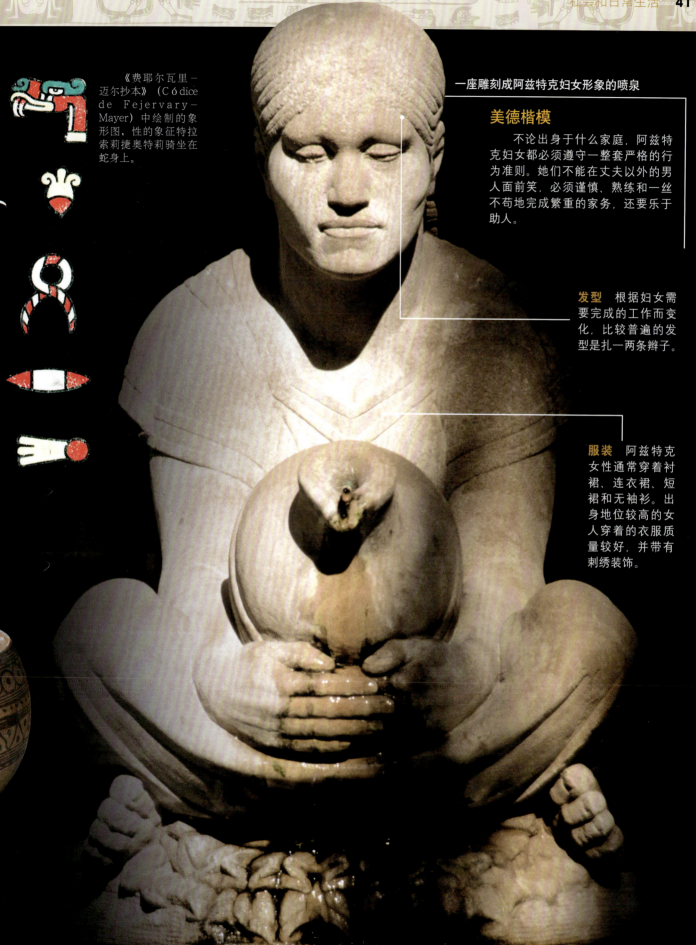

《费耶尔瓦里 – 迈尔抄本》（Códice de Fejervary – Mayer）中绘制的象形图，性的象征特拉索莉捷奥特莉骑坐在蛇身上。

一座雕刻成阿兹特克妇女形象的喷泉

美德楷模

不论出身于什么家庭，阿兹特克妇女都必须遵守一整套严格的行为准则。她们不能在丈夫以外的男人面前笑，必须谨慎、熟练和一丝不苟地完成繁重的家务，还要乐于助人。

发型　根据妇女需要完成的工作而变化，比较普遍的发型是扎一两条辫子。

服装　阿兹特克女性通常穿着衬裙、连衣裙、短裙和无袖衫。出身地位较高的女人穿着的衣服质量较好，并带有刺绣装饰。

服装

同其他社会一样，服装是墨西卡人社会身份的象征。贵族、战士、祭司和农民穿的衣服和佩戴的饰品与他们的身份和地位相匹配。因此，富裕阶层穿的是由优质纤维、毛皮和精美羽毛制成的服装，平民阶层的服装则比较单一，颜色单调且几乎不带装饰。穿戴珠宝是贵族的特权。◆

上流社会男女佩戴的装饰品，包括金耳环和刻有精美纹路的胸饰。

各着其衣

与其他社会不同的是，阿兹特克社会阶层高度分化，从工作职业到穿着处处可以看出一个人所处的阶层。下图描绘的是阿兹特克社会金字塔的局部，展现了不同等级对应的服饰。

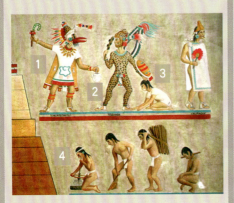

发夹 一般由金和银制成，有的镶有绿松石。

1 皇帝 穿戴最精美的服装和饰品，以及皇帝独有的皇家头饰。

2 精英战士 他们的服装通常印有当地最勇猛机敏的动物形象，例如豹猫。

3 祭司 在这个以祭祀礼仪为核心的社会中，祭司地位极高，需要专门挑选手艺精湛的妇女制作他们的服装。

4 农民 仅仅穿着一块朴素遮羞布（纳瓦特尔语为"maztlatl"），有时还穿着披风（纳瓦特尔语为"tilmatl"）。

皇冠

君主"特拉托阿尼"身处阿兹特克社会最顶端，作为社会的领导者，服饰也必须与众不同，他头顶闪闪发光的羽冠就是一个例子。羽冠由格查尔（绿咬鹃，绿色）、特劳克乔利（红色）和休托托特里（秀丽伞鸟，蓝色）等鸟类的羽毛制成，饰有金色和银色碎片。

颜色 服装布料和图案的颜色来源于天然染料，主要从植物中取得。如靛蓝色调就是从槐蓝属植物中提取出来的。

右图为蒙特祖玛皇冠的复制品，镶有精美的宝石和黄金。

发型 男人和女人一般都蓄长发且不加遮挡。一些妇女戴着头巾以彰显其贵族身份。

外衣 妇女穿连衣裙和披巾，贵族男性则穿着衬衫和披肩。

下层阶级很少佩戴饰品，即使佩戴也是佩戴一些由朴素的材质，如木头和骨头制成的饰品。

装饰品 是女性服装的重要组成部分。在贵族阶层中最常见的饰品是用石头和玉制成的单圈或多圈项链。

农业

农业是阿兹特克经济的基础，采用独特的所有权形式进行土地管理。"卡尔普里"并非自己所耕种土地的主人，不得将土地出售或转让，而贵族则拥有这些权力。战士们在战争中得到的土地归自己所有。为弥补农田的不足，阿兹特克人建造了奇南帕。玉米是他们的主要农作物，也是饮食的基础。◆

可能的起源

在 1265 年前后，阿兹特克人饱受粮食短缺之苦。阿卡通纳利（Acatonalli）向长老委员会提出在湖中插上木桩、铺上淤泥进行耕种的方法，以应对粮食危机。这一方法后来被证实十分有效，山谷湖区的奇南帕因此发展起来，用于种植玉米和豆类等。

收割玉米的阿兹特克农民

饮食

阿兹特克人食用玉米的方式多种多样，其中做成玉米饼最为常见，制作前一夜他们会将玉米粒泡在水中软化。他们还会制作玉米粽、用辣椒调味的玉米馒头以及玉米粥。他们的菜单中还有豆类、南瓜和西红柿。

木船 停靠在奇南帕旁边，用于运输农作物。

奇南帕的底部用芦苇和柳木桩固定，在筏上铺盖一层层湖底的淤泥。

耕作技术

阿兹特克人在地势较高的区域使用沟渠进行灌溉，在地势较低的区域则主要使用小水渠。阿兹特克人用人类粪便作为肥料来提高土地生产力。

耕地不足 据信，当阿兹特克人到达当地定居时，大部分耕地都已被占用，因此，他们依靠奇南帕拓展耕地。

肥沃程度 奇南帕底部的土地布满小孔，水由此渗入，让这座人工小岛保持稳定的湿度，确保其肥沃程度。

可可

享用巧克力是贵族的特权。他们通常把可可豆打成汁，加入香草和蜂蜜调味。编年史学家贝尔纳尔·迪亚斯·德尔·卡斯蒂略（Bernal Díaz del Castillo）记录道，在蒙特祖玛为埃尔南·科尔特斯举办的宴会上，巧克力被盛装在金杯中供其享用。

❖ 描绘挖取可可植物的土著人的雕版画，其中可见可可的细节。

市场

作为当地经济的重要环节，阿兹特克人在集市上以货易货。其中，特诺奇蒂特兰和特拉特洛尔科的集市最为著名，它们不仅是贸易中心，还是社交和宗教的聚会中心。邻近城镇的小商贩们都聚集到广场上展示自己的商品，集市上秩序井然。在更大规模的集市上，人们会聚成不同的群体，一起寻购蔬菜、草药、玉米、棉花、鸟类、纺织品、陶瓷和斧头等商品。◆

迭戈·里维拉　墨西哥画家，他在作品《伟大城市特诺奇蒂特兰》（本页主图）中巧妙地展现了当地的集市生活。

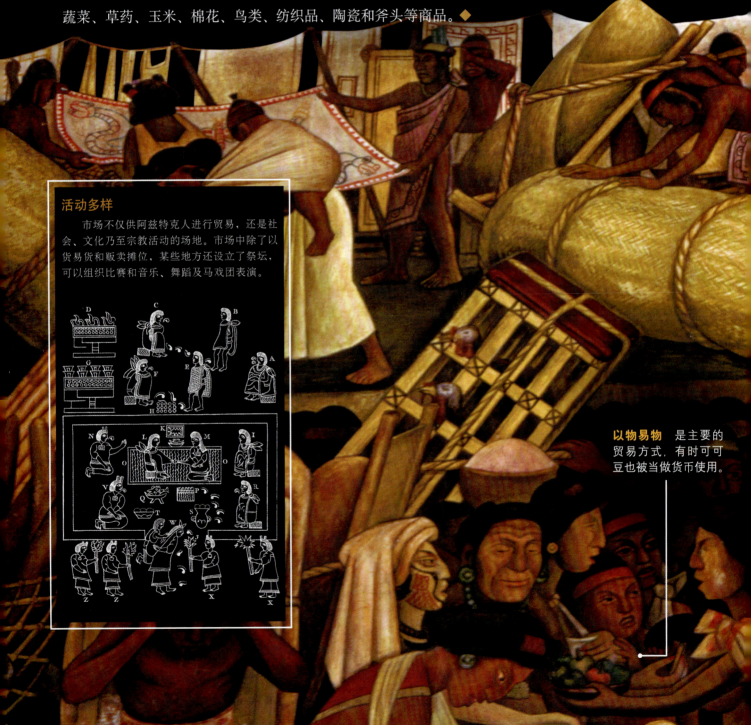

活动多样

市场不仅供阿兹特克人进行贸易，还是社会、文化乃至宗教活动的场地。市场中除了以货易货和贩卖摊位，某些地方还设立了祭坛，可以组织比赛和音乐、舞蹈及马戏团表演。

以物易物　是主要的贸易方式，有时可可豆也被当做货币使用。

大神庙　见证了阿兹特克的繁荣贸易，首都最大的集市就坐落在大神庙附近。

卖家　市场中的摊位被严格按类别进行管理。

市场中随处可见**运输**商品的景象。大块的纺织品被卷成一团在地上滚动运输，其余商品则被装在袋子里扛在肩上搬运。

市场仲裁人　维护市场秩序，调解易货过程中发生的冲突，保证集市正常运转。

集市常客涵盖了**所有社会阶层**。贵族、祭司和战士们会到集市上寻购做工精细的礼袍以及各类金银器件和珠宝。

丧礼

阿兹特克人认为，人死后灵魂可能会前往两个地方：米克特兰（Mictlán）和特拉洛坎（Tlalocan）。去往米克特兰的人必须通过不同考验，才能获得永恒的安息；而特拉洛坎是雨神特拉洛克保护下的天堂。前往米克特兰的旅程充满艰难险阻，因此，在埋葬死者时会放入一壶水，以备长途旅行之用。被认为将前往米克特兰的死者会被蜷曲成下蹲的姿势进行装殓，并用毛毯和大衣塞满装殓袋进行焚化；被认为前往特拉洛坎的人则用树枝埋葬，这样他一到达目的地就会变为一棵新的树。◆

绿松石镶嵌的葬礼面具，用贝壳做成眼白。

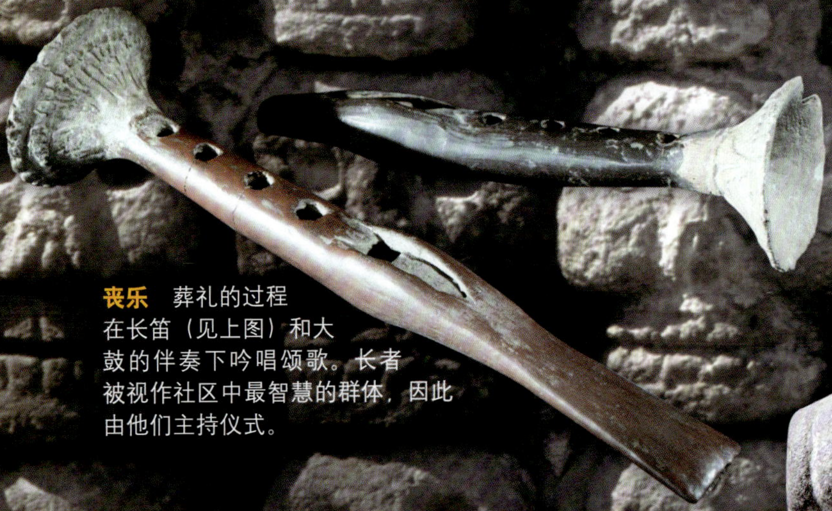

丧乐 葬礼的过程在长笛（见上图）和大鼓的伴奏下吟唱颂歌。长者被视作社区中最智慧的群体，因此由他们主持仪式。

"死亡女神"米克特卡西华特尔的雕像

死亡夫人

米克特卡西华特尔（纳瓦特尔语意为"水域夫人"）是米克特兰的女王，负责看护死者尸骨。根据当地的传说，她出生伊始就已经死亡，因此成为"死亡夫人"。她通常与米克特兰特库特利共同作为死亡的代表，尽管他们之间有时也会发生冲突。

米克特兰特库特利的雕像

死亡之主

阿兹特克人的地狱
由死亡之神，与妻子
（米克特卡西华特尔）
共同统治米克特兰。
死亡之神的代表形象
是一副骷髅，其头骨
中大量的牙齿和高高
凸起的眼窝十分突
出。他与被认为在人
间和冥界两栖的蜘蛛、
蝙蝠和猫头鹰相关。

特拉洛克的雕像

雨神特拉洛克统治着阿兹
特克人的天堂，那里种植着大
量果树和玉米，是死者永恒的
乐土。

头骨墙　置于特诺奇蒂特
兰的大神庙中。为了向死
去的战士表示敬意，阿兹
特克人会举行盛大的仪式，
焚烧他们的画像。

神圣的死亡

墨西哥人认为，人间与阴间紧密相
连，这一理念在墨西哥文化中影响深
远，体现在骷髅祭礼的盛行上。墨西哥
最重要的画家之一瓜达卢佩·波萨达
（Guadalupe Posada，1852—1913）的
大部分作品都在描绘这一祭礼。另外，每
年的11月1日和2日，也就是墨西哥的
亡灵节期间，人们会共同前往墓地祭奠逝
去的家人，这项活动可以追溯到3 000多
年前中美洲的心脏地带。

神话与信仰

神话与信仰

山谷的神话

阿兹特克文明以及其他早期文明都深信自然的力量既能给人带来福祉，也能带来灾难，他们因此顺理成章地将自然元素视为不同的神灵。从他们的做法就可以推断出，阿兹特克人试图吸引那些利于人类生存的自然力量，同时驱逐那些有害的自然力量。

对自然力量的了解和恐惧激发了阿兹特克人控制自然的欲望。对他们来说，把握自然规律、发现其复杂的变化与更迭规律是保障集体生存的一种方式。

出生、成长和死亡是人类无法逃避的轮回。一日之中昼夜更替，一年

❖ **神灵** 雕像尺寸大小不一，无论在庙宇还是家庭中均受到同样的供奉。

之中四季变换，行星在太空中永恒转动——所有这些自然规律都在阿兹特克人的观察之下。

世界观

对阿兹特克人来说，世界历经了四到五个"时代"或"太阳纪"。

每个时代都有各自的统治神，且都被一个戏剧性的事件所终结。特斯卡特利波卡（Tezcatlipoca）统治的第一个时代因美洲豹吞噬了所有人类而终结。克查尔科阿特尔统治的第二个时代随着飓风摧毁世界，所有人类变成猴子而终结。第三个时代在特拉洛克的统治下诞生，被一场从天而降的大火终结。水神查尔丘特利奎开启了第四个时代，其结局是洪水吞噬了人类，将人变成了鱼类。

阿兹特克人认为，他们当下所处的时代由太阳神统治，称为托纳蒂乌（Tonatiuh），并且与前几个时代一样，他们也难逃灭顶之灾的宿命。

在阿兹特克人看来，宇宙向外水平延伸，同时也向上下垂直延伸。

在水平方向上，世界被划分成不同区域，代表各种气候和地理现象与神的力量的联系。而在垂直方向的排序则与等级和秩序相关。自地面向上有13个天堂，根据众神的等级划分其居住地。也就是说，创世神居住在最高等级的天堂，其他诸神按等级依次

向下排列。

阿兹特克人的世界观庞杂而层次分明，同时也折射出其森严的社会等级。

阿兹特克诸神

阿兹特克诸神神特性复杂，时至今日，了解这个庞大的群体仍困难重重。有时一个词语被认为是某个神的名称，但其实往往只是其特质之一。例如特斯卡特利波卡又被称为"约瓦利"（Yohualli，意为"夜晚"）。伊厄科特尔（Ehecatl）意为"风"，体现其隐形且不可被触及的特征。创造神托洛克·纳瓦克（Tloque Nahuaque）又名"莫约克亚尼"（Moyocoyani），意为"创造自己的人"，表明了他身为万物本原的角色，因此也被称为"伊帕内莫阿尼"（Ipalnemoani），意为"赋予生命的人"，同样体现了其创造者的身份。但同人类一样，神也会被根据日历命名，这也就导致了对群神肖像的描绘更加复杂且令人困惑。

在阿兹特克诸神中，男性神灵和女性神灵各司其职。所有神灵都由至高神托洛克·纳瓦克领导，其祭礼在特斯科的一座庙宇内进行。等级在至高神之后的是最高夫妇神托纳卡特库特利（Tonacatecuhtli）和托纳卡西瓦特尔（Tonacacihuatl），即自给自足之神，代表父权和其他神灵的起源。

❖ **阿兹特克日历**　装饰隆重而精美，清晰展现了阿兹特克庞大的神话和符号宇宙系统。

◆ **祭献** 在阿兹特克
文化中占有重要地位，
是艺术作品和抄本中常
见的主题。

有几类神灵会介
入到人类生活中，
他们也因此获得
了比其他神灵更多
的膜拜。此类神灵通常是
某个社区的守护神，因
而被赋予了至高无上
的权力。羽蛇神魁札
尔科亚特尔受到人们

广泛的崇拜，
祭祀方式也各
有不同。他为
人类带来了艺
术和玉米，恩
泽深厚，位列
四个创造神之
一。同时，他
还有其他一些名
称，每个名称的含义都
不同。例如，他也被称

死 者

◆◆◆

死于溺水或其他因水丧生，以及
遭雷击死亡的人将前往特拉洛克统治
的天堂。

根据太阳运转的方向，天堂也分
为东西两部分。东部天堂是战士的归
宿，因为他们在战斗或献祭中献出了
生命，供奉了太阳。西部天堂则接纳
死于分娩的妇女，因为她们为生下未
来的战士而牺牲了自己。

其余死者则前往米克特兰或更底
层的冥界。

为"黎明之主"，代表着作为晨星的金
星。在许多神话传说中，他死而复生。
西班牙人的侵略亦被解释为克查尔科阿
特尔的回归，阿兹特克国王蒙特祖玛二
世甚至认为，他在埃尔南·科尔特斯身
上看到了神的现身，这让西班牙人征服
的进程更加势如破竹。

仪式

阿兹特克人的宗教仪式与其神学概
念一样纷繁复杂。

神职人员终身任职，由教会首领主
持仪式。圣职与公民政府相互依赖，密
不可分。

与社会秩序的金字塔结构相似，神
职人员形成了一种教会等级制度。

在特诺奇蒂特兰，最高首领和蛇女
在民事和宗教事务上负有双重责任。前
者督导社会工作的完成，后者负责监督
神殿、仪式规范，以及神职人员的本职
工作。二者之后，第三重要的官职是负
责监督城邦和被征服民族宗教事务的大
主教。大主教的两名助手负责在学校内
对战士和祭司的教学培养，此外还包括
负责教导管理对特定神灵的祭拜、庙宇
和仪式的祭司。同时还设置了女性神职
人员，并为其建立了专门的学校。

祭司必须比其他人更加严格地遵守
仪式的各项规定，以胜任解读神灵意旨
的工作。

祭礼

祭礼按照太阳年进行，每年由18个月组成，每个月20天，剩余的5天被视为不详之日。这5天充斥着灾难的预兆，人们放火烧毁自己的家庭用品，在等待灾难的同时开始禁食，并不停哀叹。

人们普遍担忧孕妇会被变成野兽，孩子会被变成老鼠，在恐惧的驱使下，他们把孕妇关在谷仓中，让孩子们不停地走动，保持清醒的状态，以期逃过一劫。

日落时分，祭司们会登上埃斯特雷拉山，等待特定的星辰到达天空中央的那一刻。它的到来表明世界不会终结，人们的正常生活将得以延续。

仪式惯例

阿兹特克人的社会活动与宗教旨在维持人类生存，保证安居乐业。为此，他们向神灵供奉了最宝贵的祭品——人类的生命。

阿兹特克人认为，为使人类生存下去，庇护人类的诸神也必须有食物维持生活并壮大力量。献给诸神最好的祭品是一个男人甚至是一个男孩流血的心脏。因此，被用于献祭的阿兹特克人的比例高得可怕。

阿兹特克国家的繁荣很大程度上依赖军事征服，所以，最受欢迎的祭品就是敌人的心脏。

一些研究者指出，阿兹特克祭祀活动的规模极为庞大，以至于在墨西哥城主庙祭献仪式的4天之内就有14 000~20 000人成为祭品，心脏被挖出献祭。

战俘是最珍贵的祭品，尤其是那些在战斗中表现英勇，或者在自己的国家或部落里地位较高的战俘。

在普通的祭礼中，尤其是那些为保证植物生长、祈求土地肥沃而举行的仪式上，奴隶、妇女和儿童有时也会被用作祭品。

在神像前汩汩流血同样是寻求神恩庇护的一个方式。人们在神的雕像和画像前进行骇人听闻的苦行，例如用刀自残或用龙舌兰的刺穿舌头。如此，他们的鲜血就流到了雕像上或涌到雕像的脚下。

一个人的社会地位越高，以及对仪式惯例了解得越多，他就必须更加严格地执行统治宗教所要求的斋戒、苦行和酷刑。

回 归

❖❖❖

特斯卡特利波卡与克查尔科阿特尔因彼此的主张不同而成为宿敌。前者反对流血的祭祀，要求人们供奉鸟类和玉器，而后者则强制要求以人类作为祭品，二者因此陷入了对峙。结果，克查尔科阿特尔在图拉被驱逐出境，登上蛇化身的水筏离开。当他在地平线上消失后，预言家确信，终有一日他会归来。所以，当西班牙征服者到达时，阿兹特克人会认为是克查尔科阿特尔的化身回来了。

❖ **鹰** 阿兹特克人认为，鹰是有神性的鸟，它被诸神选中，为阿兹特克人指出建立特诺奇蒂特兰的地址。左图为雕刻了鹰的形象的石像。

🔶 **伊厄科特尔** 风之神，与其他阿兹特克的神灵一样常被以雕塑的形式表现。

骇人听闻的祭礼

了解了前文提到的流血和自残仪式后，阿兹特克人对残暴且骇人听闻的祭礼情有独钟便不足为奇了。阿兹特克火神维维特奥特尔（Huehuetéotl，老年神，即休特库特利）的祭礼就是一个例子。仪式开始时，战俘和抓捕他们的战士一同起舞向火神致敬，舞蹈几乎持续一天的时间。第二天，战俘登上平台的顶部，脸上被撒上一种麻醉粉，他们就会陷入昏迷，对等待自己的厄运浑然不知。

最后，熊熊烈火燃起，每个祭司抓住一名俘虏，将其手脚反绑在背上。他们在燃烧着的炭火周围起舞，将俘虏逐个丢入火焰中。在他们从痛苦中解脱之前，祭司会用钩子钩住俘虏，从他们被烫起水泡的躯体上挖出心脏。在另一

种与西佩神有关的祭祀中，死亡仪式同样残忍。牺牲者被捆绑在绞刑架上，祭司手持弓箭或投矛器向他们射击，直至他们死去。

特斯卡特利波卡神的祭拜仪式则充满了戏剧性。在祭礼举办一年前，阿兹特克人会在战俘当中挑选一位最俊美、最勇敢的男子，由祭司们向他传授良好的行为举止。在献祭的前一个月，四个迷人的少女被装扮成女神模样，作为男子的伴侣，满足他的任何愿望。最终在他的死期到来时，男子告别他泪流满面的伴侣，跟随为他送行的游行队伍出发，游行队伍载歌载舞，氛围浓烈。然后，男子会向伴侣们进行最后的道别，在八名祭司的陪同下进入一座小庙宇。祭司们首先登上庙宇的台阶，男子紧随其后，台阶上摆放着他在过去的快乐时光里吹奏过的长笛，他在每级台阶上都要打破其中一个长笛。到达祭台的顶部后，祭司们将他平放到祭祀石上，挖出他的心脏。

男子的尸体被顺着台阶运下，但他的头颅会被取下，置于神庙旁栅栏上的头骨串中。一般情况下，牺牲者到最后一刻都会顽强抵抗，祭司们则会尽力控制住他们，通常会对他们使用一些镇静剂。

残忍的食人族，还是虔诚的信徒？

阿兹特克人的神话信仰，即用人类的心脏供奉神灵，保障人民生活风调雨顺，常被用来解释为何在阿兹特克文明中用人类祭祀如此盛行。但是，一些研究表明，祭祀仪式是为了提供人肉，满足阿兹特克人（尤其是贵族阶层）对蛋白质的需求，尤其考虑到阿兹特克人不认识骆驼，少了这一肉类来源。普遍认为，与其他西班牙殖民前文明一样，食人肉是墨西卡的习俗，大多数牺牲者的尸体最终并没有被埋葬，而是被分解、清洗，留待食用。

❖ *尸体*　据《马格里阿贝奇抄本》（Códice Magliabecchi）记录，牺牲者的尸体会被立刻搬离，以便仪式继续进行。

创造者传说

　　阿兹特克人延续了前人的神话传说，将前人的神灵与自创的神灵进行融合。在阿兹特克人的世界观里，至高无上和无所不在的神灵是奥梅特库特利（Ometecuhtli），他创造了托纳卡特库特利和托纳卡西瓦特尔，即象征着自给自足的夫妇神。这对夫妇生育了四个孩子，他们后来成为阿兹特克诸神中最重要的神灵。根据传说，这四兄弟共同创造了男人和女人，由此成为最尊贵的神灵。他们让人类在地球上定居下来，并允许人类生育后代供奉他们。他们还创造了海洋、山脉和各种动物。◆

西佩·托特克

　　名字意为"我们的剥皮之主"，意指他剥下自己的皮为人类提供食物，代表肥力和牺牲。他的皮肤为金色或黑曜石色，戴着头饰，手中拿着杯子和盾牌，阿兹特克人在他的神像上披上牺牲者的皮肤以表示对他的敬意。献祭者的皮肤会被非常小心地剥下，以保证皮肤完整，随后由祭司用于祈求丰收的仪式。

托纳蒂乌

　　即太阳神，也被称为光辉之神或温暖之神，与战神威齐洛波奇特利颇有渊源。他负责看管天堂，接纳在战斗中丧生的战士、为供奉太阳神而牺牲的人，以及在第一次生产中死亡的妇女。

特斯卡特利波卡

　　他是天地间无所不在的神灵和生命的源泉。他用自己的力量保护人类，为人类带来权利和福祉。在阿兹特克这样高度军事化的社会中，特斯卡特利波卡也被尊为战斗之王。

代表奥梅特库特利的托纳卡特库特利雕像

奥梅特库特利

　　与万物之源相关，代表形式包括男性的奥梅特库（Ometecu，二元男神）和女性的奥梅西瓦特尔（Omecihuatl，二元女神），暗示一个神灵蕴含了双重神格。其男像是创造的神灵，诸神之父，创造了西佩、特斯卡特利波卡、克查尔科阿特尔和威齐洛波奇特利。这四位神也被视作特斯卡特利波卡神的不同表现形式，分别是特斯卡特利波卡神的红色面、黑色面、白色面和蓝色面。奥梅特库特利创造的托纳卡特库特利也经常被用于代表前者自身。他是最古老的神灵之一，没有专属的神庙，但在上流社会的诗歌中被广为传诵。

克查尔科阿特尔

　　该名称源于纳瓦特尔语，意为"羽蛇"，代表阿兹特克人至高无上的存在。它与地上爬行的动物和天上飞行的动物都有关，因此象征着天地万物。

威齐洛波奇特利

　　根据传说，他的母亲是大地之母科阿特利库埃（Coatlicue），因从天而降的羽毛团受孕。在姐姐柯约莎克（Coyolxauhqui）的怂恿下，他的 400 个兄弟决定处决他，以掩盖母亲的失节，但威齐洛波奇特利杀死了其中的大部分兄弟，并将姐姐柯约莎克的头颅送到天堂，化作月亮。

阿兹特克日历

阿兹特克人使用两种日历，太阳日历（或民用日历）一年为 365 天，提供了播种和收成的时间坐标，用于优化和系统掌握农业生产周期；神圣日历（或神秘日历）的一年是 260 天，用于进行预测、占星和判断良辰吉日，以便规范宗教活动。◆

查尔丘特利奎 被誉为"宝石裙"女神，是阿兹特克人的湖泊与河流女神，与生育力有关，也是生育的守护神。

太阳日历石碑

神圣日历

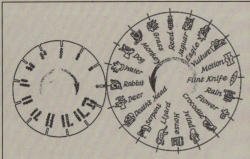

在纳瓦特尔语中被称为"托纳尔波瓦利"（tonalpohualli，意为"计日"），由两个齿轮组成。小齿轮上有 13 个数字，大齿轮上有 20 天各自的名称，两个齿轮同时转动，使每天都有一个对应的数字。初始时 1 对应"鳄鱼"、2 对应"风"、3 对应"房屋"，以此类推。当 1 再次与"鳄鱼"对应时，新的周期开始。

◆ 祭司使用数字、日子的名称和颜色来做出预测

太阳日历

阿兹特克人的日历被雕刻在一块玄武岩上，于 1479 年阿萨雅卡特尔（Axayácatl）统治时期开始雕刻，30 年后完工。1790 年，这块直径 3.5 米、重 24 吨的独石碑在墨西哥城现今的墨西哥宪法广场的位置被发现，并于 1964 年被移至墨西哥国立人类学博物馆。

各月活动

阿兹特克人在每个月份都有对应的主要经济和社会活动，而且通常与季节周期相关，如"干旱"的月份和"果实成熟掉落"的月份。

日期 阿兹特克日历将太阳年分为 18 个月，每个月 20 天，共 360 天。其余 5 天则被视为不详之日，例如他们认为在这几天出生的孩子永远不可能大富大贵。

符号　外围第一环包含二十个雕像，代表每月的二十天。每个月分为四组，每组五天，被称为"五天之期"。

历史　在正中间雕像的周围雕刻着以前的四个太阳纪，代表着过去的时代。

第五太阳纪　阿兹特克日历的中心是托纳蒂乌神的雕像，即第五太阳纪的统治神，第五太阳纪被视作当下的时代。

神话起源

根据墨西卡文化建立的传说，阿兹特克人来自墨西哥北部，他们以此为起点进行迁徙，期望寻找一个指示帝国建立地点的信号。经过数年朝圣，他们终于发现了等待已久的信号，就地打下了特诺奇蒂特兰城的第一块基石。随着时间的流逝，这片被湖泊环绕的飞地演变成了一座拥有超过 25 万居民的城市。◆

克查尔科阿特尔石像。左侧的符号代表建立特诺奇蒂特兰城的年份。

神圣的死亡

特诺奇蒂特兰城拥有独一无二的天然屏障，其四周被高地和一片巨大的湖泊环绕，西班牙侵略者要智取才能攻入城内。

◆ 由埃尔南·科尔特斯手下的侵略者于1519年前后绘制的特诺奇蒂特兰地图。

特诺奇蒂特兰建立地插图

神的第一个旨意

根据阿兹特克人的创始神话，威齐洛波奇特利选定了帝国建立的地点，在那里，阿兹特克人发现一只鹰栖息在仙人掌上，口中正衔着一条蛇。根据传说，他们目睹这一神迹时均目瞪口呆，反应过来后立即着手建立自己的首都。

鹰 是阿兹特克帝国的国鸟，日历上二十天标志中的第十五个。根据传统，在这一天出生的人具备成为未来战士的潜质。

阿兹特克人的绘画，再现了他们向墨西哥山谷迁徙的过程

原始迁移

　　根据传说，七个阿兹特克的原始部落从奇科莫斯托克（纳瓦特尔语，意为"七个洞穴的所在地"）出发，该地与阿兹特兰（传说中阿兹特克人的发祥地）有关，但学术界对这片飞地的原始位置一直没有达成共识。经过几年的游牧生活，他们先后定居在帕茨夸罗湖和科佩克湖，最后在12世纪初到达山谷。

　　向导　牧师和部落头目带领阿兹特克人完成了漫长的迁徙。在此期间，他们与多个部落产生交集，或是征服或是从属于对方，如奇奇梅卡人。

　　仙人掌　阿兹特克人认为仙人掌来源于大地女神的内脏，由此被赋予了非凡的神秘内涵。

颇有争议的起源

　　考古研究至今仍未能确定阿兹特克人的原始起源，特别是阿兹特兰城的位置。从头骨的比较研究（下图）中可以推测出，阿兹特克人可能是墨西哥中部民族的后裔。

战争

　　阿兹特克人具有出色的作战能力，在战场上所向披靡。他们拥有一支精锐的战士军团，只有最骁勇善战的人才能跻身其中。在战争年代，大多数男性必须服兵役。一般来说，一场战役中捕获俘虏的人数就是衡量战果的标准。俘虏会被囚禁，直至作为祭祀仪式上的牺牲品。◆

蒙特祖玛时期的美洲豹战士

最佳勇士

　　蒙特祖玛时期的阿兹特克勇士勇猛果敢且足智多谋，这令其他民族十分畏惧，即使是拥有先进军事装备的西班牙人也对他们怀有忌惮。

生与死（上图是二者在同一个石雕上的表现）是每个战士的必经之路。战死沙场是他们的最高荣誉。

精英战士

　　在战斗中表现英勇的士兵会被列入所谓的"功勋贵族"群体。为了与其他战士区分开，他们通常穿戴与当地最强大和最狡猾的动物有关的服饰。下图是戴着雄鹰头饰的雄鹰战士雕像。

太阳之子 战士们相信，如果他们死于战争或是在祭祀石上牺牲，他们将获得神的眷顾。

防御 战士们使用经加固的木质圆形盾牌和内里塞满棉花的战服，棉花会用盐水浸泡进行硬化。

备战

阿兹特克人从不会在未通知对手的情况下发起突袭。他们通常会事先与另一方对话，以制定规范邻国关系的条款。只有当对话无效时，他们才会采取军事行动。

《贝克尔抄本》中展现的两位军事首领会晤的场景。

献祭

中美洲早期文化里已有人祭这一宗教习俗,在奥尔梅克文明和特奥蒂瓦坎文明中更为常见。阿兹特克人同样延续了这一传统,向不同的神灵进行特定的献祭。最常见的牺牲品包括精心挑选的男人,以及社区中的儿童和奴隶。他们还发起战争,即所谓的"花之战",在邻近的民族中捕获俘虏,作为典礼上的祭品。◆

牺牲者的心脏被存放在名为"瓜乌西卡里"的石制容器中,容器有各类形状,下图是鹰形的容器。

带有柯约莎克图像的圆盘

柯约莎克

被肢解的尸体形象在阿兹特克文化里十分常见。墨西卡的月亮女神柯约莎克的形象即是一名被肢解的女人,此前她的兄弟威齐洛波奇特利将她的头扔向天空,躯干丢下山坡。

阿兹特克人祭祀仪式示意图

血的价值

阿兹特克人普遍认为,人类的血液是供养威齐洛波奇特利和其他神灵的必要元素。实际上,祭司本人和普通百姓都会在神灵的庙宇或画像前用龙舌兰的刺在身体的不同部位穿孔,其中耳垂最为常见。阿兹特克人认为,作为人类血祭的回馈,阿兹特克诸神会慷慨施舍,赋予他们的信徒在战场上无往不胜的好运。

太阳 是祭祀的第一受益者,人类会向其供奉牺牲者的心脏,有时也会供奉大量的鹌鹑鸟。

工具

祭司用火石刀进行献祭,其木柄上通常镶有精美的玉器、青石和金银。

特殊祭礼

对于某些神灵需要特殊的祭祀仪式。例如献祭给西佩·托特克的牺牲者的皮肤会被精心剥下,之后一名祭司会披着被剥下的皮肤完成仪式。而在火神休特库特利的祭祀仪式上,牺牲者则被扔到燃烧的炭火中。

◆ 右图为西佩·托特克神的雕像,他的名字意为"我们的剥皮之主",在仪式上要向他献祭奴隶。

祭祀的**地点**过去通常是某个神灵特定的庙宇，有时也会在山顶上进行。

助手　在祭祀仪式上四个助手一起固定住牺牲者，以便主祭司挖出心脏。

牺牲者　献祭给特斯卡特利波卡神的通常是年轻男子，提前一年就会挑选好并做好各种准备，这段时间内他们会受到社区的热情款待。

特拉洛克

对特拉洛克的信仰源自特奥蒂瓦坎文化，而后在纳瓦特尔语民族之间迅速传播。他也被称为努瓦皮利（Nuhualpilli），几乎是整个中美洲的雨水与肥沃之神。他掌控着干旱和暴雨天气，可以决定农业的收成，阿兹特克人便向他献祭人类以求庇护。他的助手们名为"特拉洛奎"（tlaloque），负责从山上降下不同类型的雨水。◆

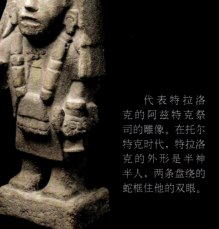

代表特拉洛克的阿兹特克祭司的雕像。在托尔特克时代，特拉洛克的外形是半神半人，两条盘绕的蛇框住他的双眼。

墨西哥国立人类学博物馆外的特拉洛克雕像

雨神

"特拉洛克"的读音来自 tlalli（"土地"）和 octli（"龙舌兰酒"），所以，与大地喝的水，也就是雨水有关。特拉洛克与其他水体没有联系，例如掌管河流的神灵是查尔丘特利奎，也被称为"绿松石裙之神"。

生命周期

阿兹特克人在其抄本中展现了玉米生长（上图的上半部分）与雨神和河神（上图的下半部分，分别是左图和右图）之间的关系。这些神灵的介入使土壤富有生命力，确保人们顺利地播种和耕种。

"仁慈之神"

特拉洛克并非完全仁慈，因为他除了掌管对农作物至关重要的雨水，还会带来闪电、冰雹、洪水、干旱和霜冻等破坏农作物生长的自然现象。上图是特拉洛克与玉米之神辛特奥特尔（Cinteotl）的浮雕。

存在形式　特拉洛克在阿兹特克人的艺术作品中有着最多样的表达形式。右图是一个正面刻有特拉洛克神像的木鼓。

众多助手 特拉洛克并非独自工作。有着人类外表的小精灵"特拉洛奎"协助他分配雨水。

嘴唇 特拉洛克的雕像通常上唇非常丰满。据推测，它象征着一个可以通往地下世界的洞穴入口。

特性 他手中拿着一种金色的旗帜，狭长且形状如蛇，据信，它代表着经常伴随雨水而来的闪电。

祭礼

阿兹特克人用祭品和人类（尤其是儿童）向特拉洛克的雕像献祭。祭司在仪式上使用"查克穆尔"（chac-mool）盛放牺牲者的心脏。"查克穆尔"是在石头上雕刻的一种神像，呈半躺仰卧状，神的身体略微前倾，将一个容器握在手中，容器就是心脏的盛放之处。

❖ 在墨西哥特诺奇蒂特兰的大神庙中发现的祭祀所用的"查克穆尔"。

文化遗产

文化遗产

艺术与文化冲击

阿兹特克人重视手工技艺的价值，并将手工艺品供奉诸神，他们将诸神视为人类与宇宙无限力量之间的媒介。

建筑和雕塑是阿兹特克人成就最为瞩目的艺术形式，而绘画则略逊一筹。另一方面，与音乐和文学相比，舞蹈取得了更大的发展。

建筑

尽管技术水平不高，阿兹特克人还是成功地克服了种种困难，建起了众多大型建筑。

首都特诺奇蒂特兰的宗教建筑是阿兹特克备受瞩目的建筑成就，庙宇庄严宏伟，令人叹为观止。

在阿兹特克人看来，重要的神灵都居住在天堂，于是，他们将神殿和神像建在较高的位置，象征其高于任何世俗事务。因此，祭坛或讲坛均置于朝拜者上方，而朝拜者则位于下方广场的位置。

阿兹特克神庙均建有一座平台，其侧面的倾斜楼梯配有数个露台。楼梯高而陡峭，最终通往顶部的祭祀石，献祭者被平放在上面，等待祭司手中的刀终结他的生命。

一些庙宇是圆柱形的，坐落在四边形的平台上。寺庙的门有时会被做成蛇头的形状，后面的圆形建筑则看起来像是蛇的身体。

城市规划

凭借丰富的创造力和想象力，阿兹特克人设法克服了地理条件给生产生活带来的障碍。特诺奇蒂特兰建在特斯科科湖中心的一座小岛上，凸显了他们在城市规划中的公共卫生和环境保护方面的才能。

特诺奇蒂特兰和特拉特洛尔科城通过道路网络与田地、湖泊以及其他城市相连，这个道路网络具有多种功能，既可用于连通各个地区中心，又可以充当堤坝，将不同高度和盐度的湖泊分隔开来。

由于河运交通密集，在一些路段中道路会被切断，以便为水道和独木舟留出位置。水道之上会建木板桥保证陆地交通顺畅。在战争中为达到防御效果，木板桥会被撤掉。查普尔特佩克渡槽也是非常重要的陆运途径，该渡槽从同一眼泉水中向城镇输送饮用水，具有两条轮流使用的管道，管道在闲置期间会被进行清洁维护，以保证输水工作高效进行。

在城市中获取水的途径各不相同。贵族用水通过特定的管道直接运输到宫殿，而普通百姓则在供水点取水或向送水者购水。

阿兹特克的街道有三种类型：土路、水路，以及运河和道路的混合路。许多家庭都有直接通往运河的途径，运送商品更为便捷。

独木舟除了用于运送人员和商品，还用于将粪便运至奇南帕用作肥料。

❖ **神话** 阿兹特克雕塑中各类神灵和神话人物、动物的雕塑最为常见，如左图的神鹰。

❖ **占卜在阿兹特克文化中十分重要**　上图是《科斯皮手抄本》中的细节，展现的是一个占卜日历，左侧是各年份的符号。

❖ **美洲豹** 美洲豹充满力量、头脑狡猾、行动迅猛，因此也是阿兹特克人最崇敬的动物之一。与老鹰、格查尔鸟和蛇一样，美洲豹也是艺术创作中最常见的动物。

在城市生活里，市场是当地社会、经济和文化生活的重要场所。市场通常规模巨大，居民聚集到此地购买商品，或是观看音乐和舞蹈等娱乐表演，也有许多宗教仪式在此举办。

雕塑

阿兹特克人的雕塑作品保留了与建筑相同的比例感。他们善于雕刻各种尺寸的雕塑，即使是尺寸最小的雕塑也与庙宇中巨型雕塑一样生动庄严。阿兹特克人的雕塑常表现动物的形象，刻画详细，栩栩如生。一些大型雕塑再现了鹰、美洲豹和蛇等形象，但大部分还是神像。

与古埃及人一样，阿兹特克人在不借助动物或车辆等工具外力的情况下就能移动巨大的雕像。

文学与书写

由于缺乏有效的书写方式，阿兹特克人的文学作品仅限于口头创作，昙花一现且无法流传。阿兹特克人的书写方式本质上是象形文字，有充分的证据表明，当时的文字正向音节文字转变。他们不使用字母，因此可将表示动物、各类元素或物体的词语进行结合，以表达另一种事物。例如他们书写首都名称的方式是画一块石头（tena），石头上长出了一棵仙人掌（nochtli），如此组合就成了特诺奇蒂特兰（Tenochtitlán）。

太阳石

阿兹特克雕塑常使用岩石或火山石为材料，通常表现面目凶猛威严的神灵形象。最著名的雕塑是由橄榄玄武岩雕刻而成的太阳石，也就是太阳历，于1479年阿萨雅卡特尔统治时期开始雕刻，30年后完工。它的尺寸大得惊人，直径3.58米，重达24吨。

太阳历的中心是一幅面目狰狞的太阳形象，周围是东南西北四个基点和四个太阳纪年。此外还雕刻了代表不同日子的二十个符号和蛇像，分布于八个同心圆，其中七个在中间，第八个在最边缘。

太阳石是对阿兹特克无限宇宙思想的概括，代表了各个不同纪元的宇宙论。

可以简单地将阿兹特克的文字区分为用黑色颜料或用彩色颜料两种书写方式，目前发现的关于西班牙殖民前时期其他形式和内容的书写方式十分有限。其文字的含义尚不知晓，因为当前还没有能力解读流传下来的所有文献，摆在研究人员面前的主要问题就是如何清楚地界定象形文字的图像表达的含义。

阿兹特克人的书写方式无法表达抽象思想或进行一般说明。但是，在西班牙侵略后用西班牙语或纳瓦特尔语记录的完整历史事件表明，抄本记录中还提及了诸如诗歌这样的传统口头表达形式。

今天我们所了解的阿兹特克文学，实际上来自从16世纪开始使用的拉丁字母书写的文章。从中可以看出，阿兹特克人了解散文，且应用最广泛的体裁是历史和教育演讲。

诗歌对他们来说并不陌生，在各类大型典礼上他们会伴着音乐吟诵诗歌。不同场合都有专用的诗歌，例如战争、祭拜神灵和追忆往昔的活动。此外，诗歌可以表达不同的情绪，甚至情欲。这些作品让我们得以进一步探知这个民族的生活方式。

医药

阿兹特克人掌握了较为科学的解剖学知识，部分原因在于他们在用人祭祀方面积累的经验。

同时，频繁的战争也使他们熟悉几种类型的伤口处理方式，尤其是切口和挫伤。

总体而言，他们在医学和草药治疗方面都取得了出色的成就。尽管阿兹特克人的医学与巫术密切相关，但在各类仪式之外，他们的医学知识非常扎实。他们使用的药物被证实是有

❖ **埃尔南·科尔特斯**　无人可以阻挡他征服的脚步。他强迫自己的下属追随他，屠城杀降，肆意违背对盟友的承诺。

效的，特别是汤剂和敷料。他们还会通过插入骨内钉的方式来治疗战士因棒击而导致的骨折。

　　阿兹特克人有着出色的卫生体系。他们的个人卫生习惯非常好，家中配备蒸汽浴，既用于医疗处置，又可以放松身心，至今仍有许多当地的土著人在沿用这种蒸汽浴。

　　阿兹特克还有男女共浴的仪式，因此，西班牙人禁止了蒸汽浴的使用。此外，阿兹特克人与欧洲人的卫生状况形成鲜明对比。原住民会在西班牙人面前使用薰树脂类的香料，一部分研究者认为，这归因于阿兹特克人相信在西班牙人身上看到了神灵现身；另一部分人则认为，他们忍受不了西班牙人不爱卫生而散发的体味。

　　社会中无论男女都可从事医学，女性专门研究妇产。阿兹特克人称帮助堕胎的女人为"糟糕的助产士"。

　　另有推测他们也对牙科颇有研究。遗迹中发现了牙齿变形的头骨，以及牙齿中用细石制成的植入物，这必定是由专业的牙科医生完成的。

天然药典

　　阿兹特克人掌握了大约1 200种植物的药用方法。治疗师和草药师从市场上采购天然草药，通过细致的研究，对不同植物、动物和矿物质的治疗特性，以及应用的疾病类型、药用剂量都有充分的掌握。

计数系统

　　阿兹特克人使用二十进制的计数系统，相对简单，通过点数表达1 到 20 的数量。他们用一个旗帜标志表示"20"，并重复使用这个标志表达 400 以下的数量。冷杉标志则代表"400"。8 000，即20×20×20，则用一个口袋标志表示，因为一个口袋容纳的可可豆数量几乎不可计数，从而对应这样较大的数字。

❖ **面具** 用头骨制成，并插入祭祀用刀。仪式、死亡和自然主义是阿兹特克人世界观的重要组成部分。

当地生存着大量毒蛇，攻击性强且毒性致命，这一情况迫使阿兹特克人研发相应的解毒剂。

对阿兹特克人来说，蛇分为善良的蛇和邪恶的蛇。他们认为，一个人不幸被咬了之后，善良的蛇会在他死去之前留下一些祈祷时间。他们运用不同的解毒剂治疗蛇咬创伤，但效果不尽相同。软膏和药水治疗并非百分之百有效，但至少能够减轻中毒的损伤。欧洲人在踏上这片土地时曾惊讶地发现，即使是蟒蛇这类危险的动物，也会被一些人当作伴侣。

天文学

当阿兹特克人到达墨西哥山谷时，以精确的日历为代表，当地天文学的发展已初具规模。特别值得一提的是，阿兹特克的天文学是仅仅依靠大量的实验发展起来的，没有任何其他光学或计算设备的支持，数据准确主要归功于肉眼的耐心观察。即便在这样的条件下，阿兹特克人制定的日历一年为365.2420天，甚至比格里高利十三世（Gregorio XIII）的欧洲日历365.2425天更为精确。

日历

太阳历名为"休波瓦利"（Xiuhpohualli），一年包括18个月，每月20天，外加5天的补充期。阿兹特克人用从1到13的数字并结合二十个表示日子的符号对日期进行标记，以此计算年份。在民间、经济和宗教活动中应用广泛。

与太阳年平行并相对应的神圣日历称为"托纳尔波瓦利"，一年共260天，分20个星期，每个星期13天，且每个星期和每一天均由一位神灵掌管。

该日历在占卜术中有十分重要的应用。实际上，根据这个日历，每个人都具备与其出生日期相对应的品质，一个人的命运也由此决定。

太阳历和神圣历这两种日历相结合，产生了52年的圆形日历。阿兹特克人认为，时间、人的命运、社会的命运都是循环往复的，每经过52年，时间和世界都象征性地重生，为此，他们会庆祝可怕的"新火礼"。

❖ **克查尔科阿特尔** 下图为表现这位重要的中美洲神灵诞生的浮雕。

是叛徒还是英雄？

在大败阿兹特克人之后，无数的进献礼品被陆续送至埃尔南·科尔特斯的面前，包括香料、黄金，甚至女人。其中有一位年轻美丽的墨西卡人，名叫马林钦（Malintzin）或马林切（Malinche），后来受洗取名为玛丽娜（Marina）。这位年轻女子因对当地几种语言和地理情况了如指掌，很快受到科尔特斯的赏识，被送去学习西班牙语。而后，马林切成为了科尔特斯的左膀右臂，是他的翻译和顾问，甚至还成了他的情人，并为他生下一子，名为马丁·科尔特斯（Martín Cortés）。侵略战争结束后，科尔特斯决定将她嫁给手下的一个军官，在这之前，他承认了与马丁·科尔特斯之间的父子关系。在墨西哥的历史上，马林切已成为土著人被外界诱惑、数典忘祖的代名词，"马林切主义"甚至被用来表达受外来事物冲击，没有珍视自身文化的含义，这个概念也被视为她叛国并获得权力的证据。对马林切的看法众说纷纭，也有一种新的观点认为，马林切实际上放弃了自己的自由，通过向侵略者进言献策，避免了土著人遭受更大规模的屠杀和虐待。

❖ **翻译**　《特拉斯卡拉历史抄本》（Códex De Historia De Tlaxcala，16世纪）中的插图，展现了马林切作为中间人帮助科尔特斯调解的景象。

抄本语言

　　抄本是阿兹特克文化的象征，展现了墨西卡社会的基本元素。大部分抄本为象形文字手稿，结合了绘图与纳瓦特尔文字。抄本按西班牙殖民前和殖民统治时期分为两大类：第一类由榕木纸、鹿皮、棉布和龙舌兰纸制成；第二类则采用欧洲的纸张、工业用布和羊皮纸。迄今为止大约有 500 个抄本得以保存，其中大多数在墨西哥。◆

《门多萨抄本》

　　在总督安东尼奥·德·门多萨（Antonio de Mendoza）的授意下，由墨西哥当地的抄写员于 1541 年至 1542 年在欧洲纸上书写而成。该抄本共有 71 页，是不可多得的史料，提供了有关墨西卡的统治者及征服者、被征服人民需进贡的物品，以及古代墨西哥人生活和习俗等信息。

❖ 鸟类象征着在帝国建立和日常生活过程中发展壮大的阿兹特克人

格查尔鸟　　**鹰**　　**蜂鸟**　　**鹦鹉**

抄本的定义

　　"抄本"（códice）一词来自拉丁语"codex"，其含义与手稿有关。通常会在抄本前添加一个名称指出其发现的地点和所有者，如《博尔吉亚抄本》（Códice Borgia）；或是委托机构，如《门多萨抄本》。抄本涉及历史、社会和文化等主题，是珍贵的史料，让我们得以了解从阿兹特克人的原始迁徙到其社会和日常生活等各类事件。

诸神　　每幅插画中都使用最大篇幅的图案来展现诸神，其中最为常见的是克查尔科阿特尔，该神以羽蛇为象征。

排版　　每个抄本平均有 39 幅插画，西班牙殖民期的抄本经常将插画与文字页面相结合。

解读　　祭司是唯一完全通晓抄本象征意义，并坚守其中奥秘的人。

神秘技巧

抄本在人、动物、植物和色彩之间建立了一种特殊的联系。想要理解抄本，就必须知晓其中每个符号的含义。

Milli表示农作物和耕地。

Cuauhtli仅有一个意思：鹰。

Tepti意思为小山，也就是广义上的山脉。

Cuahuitl表示树木或植被。

Tochtli表示兔子或山间动物。

Calli表示房屋、庙宇或贵族的宫殿。

阿兹特克艺术

　　阿兹特克艺术发展的初期融合了前人和邻近民族的特点，但随着发展，自身风格变得日益鲜明。首先，阿兹特克伟大的雕塑作品巧妙地平衡了现实主义和象征主义，普遍运用了人类和动物混合体的形象，具有独特的创造力。金匠、织工和陶工的主要产品是珠宝、装饰品和日常器皿，尽管颜色较为单一，但其作品颇具表现力。阿兹特克艺术的主要成就之一是壮丽的建筑，特别是金字塔和宫殿。◆

阿兹特克人精通金属铸造，用黄金和白银制作华丽的耳环、项链、胸饰（上图是雕刻了阿兹特克火神休特库特利的米斯特克胸饰）和各类装饰品，并镶上宝石，使用最多的是玉石。

冶金　阿兹特克人是冶金和金匠专家，他们制做的珠宝（如上图）是社会不同阶级身份的象征。

科亚特利库埃的雕像

奥梅特库特利

　　阿兹特克人的雕塑作品巧妙结合了现实主义和象征主义，死亡女神科阿特利库埃的雕像就是一个例子。她的身体是人形，脚却是一对鹰爪，几条蛇相互交织作为她的裙子，脖子上挂着一块头骨，垂到胸部，像是一条项链，而脸庞是两条对视的蛇。

建筑

　　仪式建筑是诸如特诺奇蒂特兰和特拉特洛尔科等大城市的标配。主建筑通常位于城市中心，周围是小型的庙宇、球场和其他类型的建筑。庙宇是高耸的金字塔，其顶部是狭窄的露天平台。住宅方面，普通老百姓的屋子只有一个房间，呈正方形，没有窗户，而贵族的住房则有一个院子，周围设有几个房间。

陶瓷　阿兹特克人最突出的陶瓷作品之一是带有三个平面状支脚的盘子和容器，陶瓷的底色为橙色，上面绘有大量的黑色图案作为装饰。

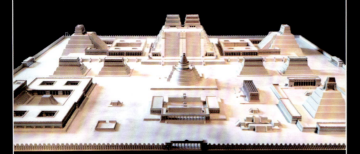

❖ 阿兹特克首都特诺奇蒂特兰的模型，可以看到主要的寺庙有长长的阶梯，周围铺设宽阔的大道。

石像 阿兹特克的石像保留了与原材料方石相似的形状。他们使用黑曜石刀进行切割和雕刻，黑曜石是当地盛产的一种可以被打磨得很锋利的火山岩材料。

主题 大型雕塑主要表现神灵和统治者，小型雕塑则通常为动物和常见物体的形象。有时会通过使用彩色涂料和镶嵌宝石对雕塑进行装饰。

羽艺

这是阿兹特克最精妙的艺术形式之一，处于社会特权阶层的阿玛特克人（amateca）掌握了这门技艺。他们使用格查尔鸟（见上图）的羽毛制作礼服、装饰品和各类徽章。

面具

　　面具的制作是墨西卡最伟大的艺术形式之一，面具常被用于宗教象征和丧葬祭品。奥尔梅克人和特奥蒂瓦坎人主要用石头和玉石制作面具，并加上绿松石作装饰，阿兹特克人在沿用前人技术的基础上还创造了独特的马赛克设计。◆

奥尔梅克人爱好制作表情丰富的面具，面具上的耳洞反映了当时耳环的使用情况。

克查尔科阿特尔面具

权力的护身符

　　面具用木头制成，尺寸很大，被制作为强大的神灵和动物形象，在战争中经常使用。

◆ 迭戈·里维拉在他的作品里展现了战争中面具的使用。上图是壁画《从征服到1930年》的细节。

用途

　　阿兹特克人面具的用途多种多样，包括公共仪式、宗教节日和战斗等场合。面具代表了他们的神灵，也是庙宇、宫殿和房屋的装饰，还被用于遮盖死者的脸庞。阿兹特克人偏爱在一个面具上使用少数几种颜色或是表现一种特定颜色的不同深浅的效果。他们将绿松石、骨头和贝壳切成小块后进行抛光，通过植物树脂黏在面具表面作为装饰，面具表面的材质通常是木头或黏土。

查尔丘特利奎

　　她是雨神特拉洛克的妻子，是陆地水域的女神，绿宝石裙是她的象征，因此，代表她的形象的面具虽是木制的，但表面覆有一层绿松石马赛克。

玉石　玉石是阿兹特克人最常用于制备丧葬面具的材料之一，在他们的宗教观念中，玉与植物和水有关，因而与生命周期息息相关。

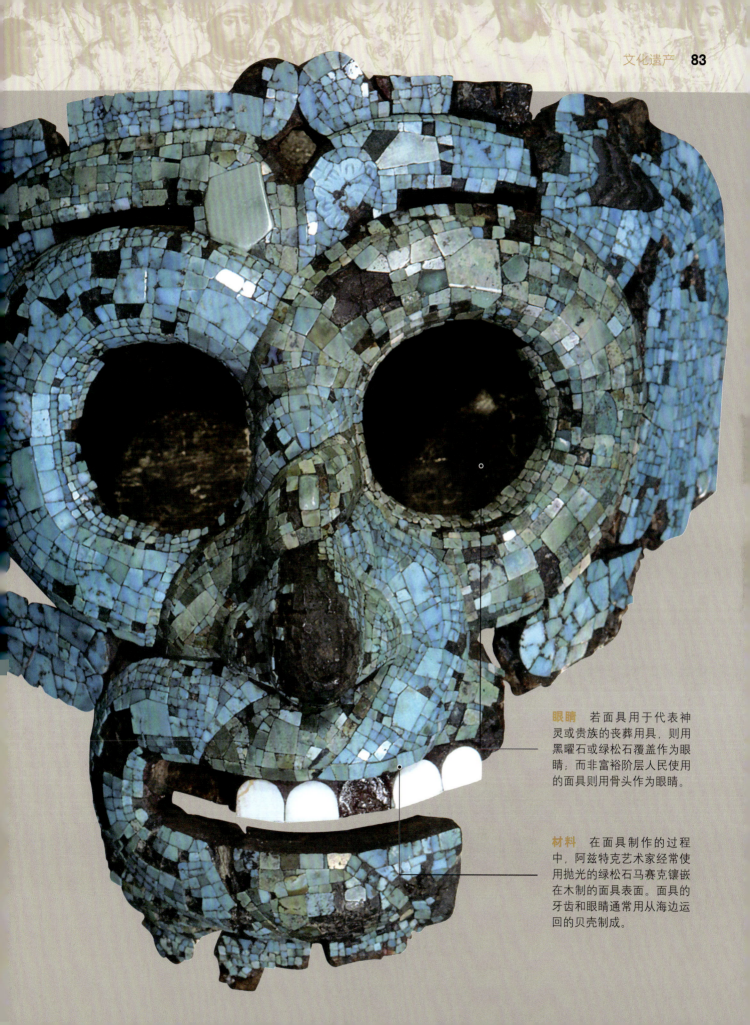

眼睛　若面具用于代表神灵或贵族的丧葬用具，则用黑曜石或绿松石覆盖作为眼睛；而非富裕阶层人民使用的面具则用骨头作为眼睛。

材料　在面具制作的过程中，阿兹特克艺术家经常使用抛光的绿松石马赛克镶嵌在木制的面具表面。面具的牙齿和眼睛通常用从海边运回的贝壳制成。

征服兵器

　　与阿兹特克人的军队相比，西班牙侵略者拥有巨大优势，他们具备更强大的武器和防御能力，同时还有大炮，虽然数量不多，但已足够让他们立足于绝对的优势地位。另一方面，科尔特斯和几个与阿兹特克人积怨已久的民族建立了联盟，从他们当中征募粮食和士兵。尽管阿兹特克军队人数众多，最终还是败在了西班牙人的炮火之下。◆

玉石　阿兹特克军队高度等级化，职业战士的装束与其他战士不同，以彰显其特殊地位。

交战中的西班牙人与阿兹特克人

西班牙军队

　　西班牙军队有两个优势足以弥补人数上的不足：一是他们与托托纳克人建立了联盟，承诺战争过后会还他们自由，但这个诺言西班牙人并没有遵守；二是西班牙军队的技术和火力远在阿兹特克人之上。

剑骑士　这是一支精英铁骑，精通战术，受到前方战士良好的掩护，在阿兹特克人的部队中杀敌无数。

盟军　西班牙人与阿兹特克人的敌人托托纳克人建立了联盟，托托纳克人贡献了不少于13 000名战士，向科尔特斯提供了十分重要的帮助。其他一些邻近的民族也加入了盟军。

武器

　　尽管阿兹特克人顽强抵抗，给西班牙军队造成了巨大伤亡，但阿兹特克人的武器装备落后，绝大多数人使用弓箭，黑曜石狼牙棒也只在近身搏斗中才有杀伤力，相比之下，西班牙人使用的武器火力明显占优，最终彻底打败了阿兹特克人。

大炮

石炮

16世纪的弩弓

西班牙人使用的陆用大炮，如蛇炮和石炮的杀伤力很大，但难以在山谷间的丛林和崎岖的道路中运输。相反，小口径舰炮（如右图，安装在舰船上）则显得更为实用。

击发扣

吊耳轴

船舷叉架

从炮口装填两盎司重的炮弹

震惊 阿兹特克人看到西班牙骑兵时十分惊恐。根据编年史家的说法，他们认为自己看到了半人半神的化身。

西班牙步兵

防御

西班牙士兵的防御性装备也比阿兹特克人的更加完善：头盔、胸甲和金属盾牌使他们无惧近身搏斗，在这些装备面前，阿兹特克人的攻击力度被大大削弱。

马匹 阿兹特克人从来没有见过马，西班牙人的马匹对他们造成了极大冲击，在西班牙的铁骑前阿兹特克人四散奔逃。

侵略者的入侵

　　1519 年 2 月，埃尔南·科尔特斯离开古巴岛前往尤卡坦半岛。9 个月后，他到达墨西哥山谷，在那里，他首次与蒙特祖玛会面。一年后，阿兹特克人虽经浴血奋战，最终仍败在西班牙人的炮火之下。西班牙人对特诺奇蒂特兰进行了屠城和破坏，将他们的土地和财富收缴至西班牙王室。据史料记载，在侵略的过程中发生了许多奇特的事件，已经难以分清是史实还是传说。◆

蒙特祖玛二世遭到人民的抨击，指控他与侵略者勾结。右图为 16 世纪创作的蒙特祖玛雕像。

远征　这次远征有大量的行政官员、管理者和牧师随行，但士兵数量却很少。科尔特斯的真正力量在于阿兹特克内部的支持力量，以及教会在精神上对阿兹特克人的洗礼。

科尔特斯　1519 年 11 月，科尔特斯进军阿兹特克首都特诺奇蒂特兰，在那里，他第一次与蒙特祖玛碰面。

马林切

　　在击败了塔巴斯科人后，科尔特斯收到了包括数名妇女在内的大量贡品，其中就有精通几种当地语言的马林钦，也就是广为人知的马林切。后来她学习了西班牙语，并为科尔特斯担任翻译，同时也是他的情人和顾问。右图是科尔特斯和马林切。

科尔特斯进入墨西哥，19世纪石版画

科尔特斯和蒙特祖玛

阿兹特克的首领蒙特祖玛相信，他在科尔特斯身上看到了克查尔科阿特尔现身。据传说，克查尔科阿特尔在离开的时候曾经许诺他必定会回来。这解释了为何蒙特祖玛不加抵抗就向侵略者屈服。

埃尔南·科尔特斯
1485年出生于西班牙的埃斯特雷马杜拉，1504年到达美洲，并数次参加远征，包括对古巴的征服。他于1547年去世。右图是16世纪创作的科尔特斯肖像版画。

贵族 也参与接待科尔特斯。其中一些人对科尔特斯并不信任，后续组织了抵抗运动。

蒙特祖玛 身着最华丽的服饰与科尔特斯会面并向其赠送了大量礼品。

博物馆

中美洲文明的大部分艺术作品在被西班牙人侵略和殖民期间不幸流失。考古现场的发掘成功找回了在西班牙人的野蛮行径和疯狂掠夺中幸存下来的上万件物品，并保存在专门致力于保护古文物的机构，其中最重要的两个机构是墨西哥国立人类学博物馆和大神庙博物馆，它们同时也是阿兹特克等古文明成就的传播中心。◆

大神庙博物馆内展示的带有耳环的特色面具。

雄鹰战士雕塑，大神庙博物馆的镇馆之宝之一

大神庙博物馆

　　1987 年开馆，位于墨西哥城历史中心的心脏地带。馆内设有八个展室和一个临时展览厅，象征性地重现了特诺奇蒂特兰的大神庙。馆内遗产包括从几个最重要的考古中心挖掘出的数千件文物。此外，大神庙博物馆还为专家和观众提供数种服务和咨询，并配有完善的书籍、图片库和考古档案。

❖ 博物馆内展出的特诺奇蒂特兰遗址

墨西哥国立人类学博物馆

　　博物馆内的展厅按照时间顺序和文化种类排序，每个展厅都有其特定的内容，就像一座独立的博物馆。一楼专门展示墨西哥的各个民族。馆内设有音乐厅、图书馆、视听区和临时展厅。

❖ 阿兹特克石像，代表众神之母

符号 根据考古学家对文物新近的解读，在与雄鹰战士同名的神庙中发现的战士雕像代表初升的太阳或"特拉托阿尼"（君主），"特拉托阿尼"出生之时就已经当选为帝国的统治者。

雕塑　大小不一的雕塑是博物馆最珍贵的资产之一，其中，身着独特服饰的阿兹特克战士雕像尤为突出。

博物馆

　　墨西哥还设有其他保存西班牙殖民前时期文物和艺术作品的机构，如特奥蒂瓦坎考古遗址博物馆和库库尔坎考古博物馆。

仪式的印记

　　大神庙博物馆的馆藏包括许多与祭祀仪式相关的文物，如祭祀用刀和盛放着牺牲者心脏的瓦罐。另外，还展出了一组被斩首的牺牲者的头骨，这些头骨的特征是在太阳穴处有穿孔，用于木桩穿过将其固定在祭坛上的头骨架上。从头骨可以看出头颅被剥皮的痕迹。

❖ 大神庙博物馆收藏的头骨雕塑

纪年表

阿兹特克文明通过战略联盟或远征的方式对邻近民族进行了数次兼并。他们最初只占据墨西哥谷地的一小部分，因此不得不借助战争来扩张本身非常有限的领土。从 12 世纪初到西班牙人入侵的几个世纪里，他们为寻找一片福地而不断迁移，随后建造了像特诺奇蒂特兰这样雄伟的城市，发展了庞杂的文化、宗教和政治体系，阿兹特克帝国从此屹立于世界文明之林，但这一切于 1521 年在埃尔南·科尔特斯的手下毁于一旦。

1111
阿兹特克人从阿兹特兰启程远行。

1163
阿兹特克人在科特佩克首次举行新火礼。

1215
阿兹特克人在阿帕斯科举行新火礼。

1267
阿兹特克人在特科帕尤坎举行新火礼。

1270
第二波纳瓦人移民向墨西哥中部迁移。

1280
阿兹特克人抵达查普尔特佩克。威齐利威特尔一世当选为领袖。

1299
阿兹特克人被特帕内克人驱逐出查普尔特佩克，迁移到库尔瓦坎的

特尔米诺斯潟湖。

1325
普遍认为特诺奇蒂特兰于此年建立。

1343
阿兹特克人离开库尔瓦坎，卷入了邻近民族之间的战争。他们与阿斯卡波查尔科的特帕内克人结为盟友。在接下来的几年中，贵族逐步巩固自己在特诺奇蒂特兰的势力，并发动了更多的战争。特拉特洛尔科市成为一个重要的交易中心。

1375
阿兹特克与特帕内克人的联盟与查尔科联盟进入敌对状态。

1376
阿卡马皮奇特利（ACA-MAPICHTLI）是第一个受阿兹特克人推举当选的"特拉托阿尼"。在接下来的二十年里组织了数场征服战争。

1395
阿斯卡波查尔科地区霸权主义在墨西哥盆地再

次兴起。萨尔托坎遭到破坏。

1396
阿卡马皮奇特利去世，其子威齐利威特尔继位。

1398
阿兹特克人发起对高廷昌的远征。

1400
墨西卡人征服了萨尔托坎和库奥蒂特兰，同时也降伏了该地区的特拉特洛尔科人。特斯科科被侵占，由特帕内克人统治。

1403
阿兹特克人在特诺奇蒂特兰举行新火礼。

1414
特帕内克人与阿兹特克人攻打特斯科科，战争持续了四年。

1416
威齐利威特尔逝世，奇马尔波波卡（CHIMAL-POPOCA）继位，当时尚不满12岁。

1428
伊兹科阿特尔（ITZCOATL）取代奇马尔波卡成为统治者，开启了阿兹特克最辉煌的时代。特诺奇蒂特兰、特斯科科和塔库巴（即特拉科潘）组成三方联盟。

1440
伊兹科阿特尔逝世，蒙特祖玛一世伊齐科维卡米纳（MOCTEZUMA I IL-HUICAMINA）继位，他曾是伊兹科阿特尔手下军队的将军。

1440—1468
蒙特祖玛一世统治时期。阿兹特克的领土向北拓张到希洛特佩克，向南延伸到莫雷洛斯山谷。特诺奇蒂特兰进入城市化，大量仪式建筑拔地而起。

1446
阿兹特克人与查尔科人再次进入敌对状态。

1450
特诺奇蒂特兰发生饥荒，持续四年。

1465
彻底打败查尔科联盟。建造渡槽以将查普尔特佩克山的水源运输到特诺奇蒂特兰。

1468
蒙特祖玛一世去世，阿萨雅卡特尔继位。

1469—1481
阿萨雅卡特尔统治时期。阿兹特克人通过东征西讨扩张领土，版图延伸到托卢卡谷地。

1473
特拉特洛尔科首领莫基威斯（MOQUIHUIX）被特诺奇蒂特兰首领阿萨雅卡特尔打败并战死，由此，特拉特洛尔科结束独立状态。

1478
塔拉斯科战役。

1481
阿萨雅卡特尔去世，其弟蒂索克（TĪZOC）继位。

1481—1486
蒂索克统治时期。尽管他并不好战，但仍然在托卢卡谷地和现今的韦拉克鲁斯北部发动了几场战役。特诺奇蒂特兰的大神庙开工扩建。

1486
蒂索克中毒身亡。其弟阿维索特尔（AHUIT-ZOTL）继位。

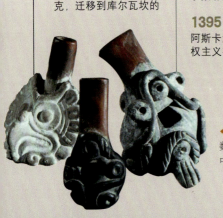

❖ **口哨**　大多由陶瓷制成，少数使用骨头制作，用于标记舞蹈中的音乐节点。

帝国的终结
蒙特祖玛二世的悲剧

根据传说，蒙特祖玛对埃尔南·科尔特斯有求必应，甚至让他和他的手下下榻在豪华的阿萨雅卡特尔宫殿。然而，他温顺的态度和昂贵的礼物只是进一步助长了征服者的野心。在阿兹特克军队被击败后，蒙特祖玛同意接受洗礼并宣布臣服于西班牙。关于他的死亡有几种说法，最广泛的说法是在1520年7月1日的一场暴乱中，蒙特祖玛要求人群撤离，民众愤怒地认为他是西班牙人的同谋，于是朝他投掷石头和箭矢，使他重伤而亡。

1486—1502
阿维索特尔统治时期，他是阿兹特克伟大的征服者，主持建造了几座重要的公共建筑和宗教建筑。在其执政期间，首都发展和帝国领土面积达到了顶峰。征服的触角伸到了恰帕斯州海岸的特万特佩克和索科努斯科。

1488
阿兹特克人在瓦哈卡发起战役。

1494
阿兹特克人对瓦哈卡发起新一轮战役。

1496
征讨特万特佩克地峡。

1499
爆发索科努斯科战役。

1500
特诺奇蒂特兰城发生洪灾。

1501
阿维索特尔下令建造马利纳尔科的典礼中心。

1502
阿维索特尔去世，蒙特祖玛·索科约特辛（即蒙特祖玛二世）继位。

1503
攻占阿奇乌特拉。

1505
征服伊安威特兰和索索伊安两块米斯特克的核心领土。

1508
攻打洪休提兹干王国，直至1513年结束。

1511
攻占特拉希亚科。古巴成为西班牙的殖民地。

1515
攻打特拉斯卡拉部落。洪休提兹干人避难于特诺奇蒂特兰城。

1517
埃尔南德斯·德·科尔多瓦（HERNÁNDEZ DE CÓRDOBA）率领西班牙探险队行军至墨西哥海岸。

1518
阿兹特克人彻底占领洪休提兹干领地。胡安·德·格里哈尔瓦（JUAN DE GRIJALVA）率领远征军征伐墨西哥。

1519
蒙特祖玛二世向埃尔南·科尔特斯派遣使者，劝阻其侵占领土的行动。科尔特斯于2月10日启航前往墨西哥，同年11月8日进军特诺奇蒂特兰。

1520
阿兹特克人相信，克查尔科阿特尔神会以一个大胡子白种男人的形象从东方归来，这让蒙特祖玛二世不加设防就迎接了科尔特斯的到来，西班牙人的侵略因此如探囊取物。6月20日，蒙特祖玛二世去世。蒙特祖玛二世的弟弟奎特拉瓦克（CUITLÁHUAC）首先死于西班牙人带来的天花，奎特拉瓦克的表弟夸乌特莫克（CUAUHTÉMOC）也同样难逃这一命运。6月30日，发生"悲痛之夜"大屠杀，此后科尔特斯逃离特诺奇蒂特兰。

1521
西班牙人于4月28日开始围攻特诺奇蒂特兰，夸乌特莫克组织人民奋勇抵抗，加强城防并摧毁桥梁，防止西班牙人进入。围困持续了75天，到8月13日，阿兹特克人在特拉特洛尔科的小岛上被捕，其中部分人被杀害。当月，西班牙人占领了特诺奇蒂特兰，阿兹特克帝国彻底沦陷。西班牙人开始四处掠夺，严刑逼供夸乌特莫克，让其供出储藏黄金和宝石的地方。夸乌特莫克在被囚禁四年后被处决。

❖ **卡尔普里** 阿兹特克人的基本社会组织，根据亲缘关系和地理位置进行划分。"卡尔普里"的任务之一是教育成员。

术语表

阿玛特克人

在阿兹特克社会中享有特殊社会地位的人。他们使用格查尔鸟的羽毛制作礼服、饰品和各类徽章标志，以区别于其他社会阶层。

阿兹特克日历

阿兹特克日历与其他中美洲文化通用的太阳历的基本结构相同。阿兹特克人有两种日历，一种是"民用"日历，共365天，为包括农业在内的所有社会活动提供时间参考。另一种为"神秘"日历，共260天，专门用于祭司专职的占星、占卜和预测。这两种日历的组合产生了52年的周期，称为"休莫皮利"（Xiuhmolpilli）字面意思为"多个年份的组合"。

阿兹特克艺术作品色彩

米斯特克陶器颜色多样，其中，黑色、棕色、黄褐色、黄色、橙色和红色最为常见，蓝色则多应用于壁画。

阿兹特兰

传说中阿兹特克帝国先民的居住地和原始纳瓦特尔文化的发祥地。这个神话遗址常被描述为一个湖泊中的岛屿，可能位于现今墨西哥的北部，或是在美国东南部或中部。墨西卡人很少使用"阿兹特克人"这个词自称。事实上，这个词源

自"aztekatl"，意为"来自阿兹特兰的人"。

奥托米特尔

阿兹特克军队中负责远距离战斗的长矛手，他们没有接受过近身搏斗的训练，也不具备相应的能力。尽管他们在战斗中的勇气或技能并不突出，但他们使敌人不得不僵持在一个保守的距离，他们的存在有利于步兵和精锐战士备战，发挥了重要的作用。

波奇特卡

即纳瓦特尔语中的商人，是一个高度等级化、备受重视的社会阶层。波奇特卡携带本地商品在整个地区游走，交换本地无法生产的商品。这项活动的重要性并不在于对经济的贡献，而在于为统治阶级，尤其是军事领导人提供了他们所需的情报。波奇特卡从商旅归来后能够提供有关其他民族的信息，特别是关于财富和防御兵力方面的资讯，这对阿兹特克人组织有针对性的军事远征非常有利。因此，波奇特卡成为军事首领的重要助手，获得了一系列社会和经济方面的重要特权。例如他们有专属的住宅区，并配备看守加以保护。

大鼓

纳瓦特尔语，既用于在战争中鼓舞士气，又用于舞

蹈和宗教庆祝活动。

盾牌

阿兹特克战士主要的防御装备之一，由木头制成，用织物或皮革层加固紧密，同时辅以羽毛之类的精美装饰。

法院

负责管辖每个卡尔普里，处理普通的民间事务，例如批准缔结婚姻关系，或调解社区成员之间的纠纷。

黑曜石

又称为火山玻璃或雪花石，是整个中美洲盛产的火山石。颜色为黑色，有时因所含杂质的成分不同而有所变化，所以也有暗绿色、浅绿色、以及红色、或带有白色、黑色和红色纹理的黑曜石。黑曜石材质坚硬，适合用于制造锋利的刀刃、箭头、矛头和马卡纳。

花之战

花之战专指由阿兹特克人发起的一种特殊战争，主要发生在西班牙殖民前时期。这是阿兹特克人为获得神的庇佑而发起战争，祈求避免粮食收成不佳和随之到来的饥荒，敌人在阿兹特克的攻打下被迫应战。历史上，15世纪中叶收成不佳导致饥荒时，特诺奇蒂特兰、特斯科科和特拉科潘等城市组成的联盟与维索钦科

和特拉斯卡拉的领主作战，以期俘获作为祭祀牺牲品的囚犯。阿兹特克人在战役中避免杀死敌人，确保活捉俘虏，以实现获得祭品的崇高目标。尽管征战的动机本质上受神话宗教影响，但墨西卡统治阶层从中同时获得了其他利益，例如大量的新领土。1519年，埃尔南·科尔特斯抵达新大陆后，受花之战之苦已久的民族很快与西班牙人结成战略盟友，以摆脱阿兹特克人的不断侵犯，因此可以说，花之战在一定程度上导致了阿兹特克帝国的灭亡。

火石刀

刀柄通常为木制，镶有精美的玉石马赛克、青石、金银等装饰。刀片通常用抛光的石头制成，末端尖锐，由祭司用于献祭仪式。

集市

纳瓦特尔语，意为"集市"。集市定期举办，周围城镇的小商贩聚集在大城市的广场上贩卖他们的商品，主要的举办城市包括维索钦科、特诺奇蒂特兰、特斯科科、特拉斯卡拉和霍奇米尔科。大约有5万人来赶集，街道上人流密集，水泄不通，商品也多种多样，包括蔬菜、药材、豆类、玉米、棉花、鸟类、鱼类、黑曜石、陶器、斧头和矿石等。集市内设有法官负责巡视市场，维持交易公正。交易主要以易货贸易的方式进行，或用

可可豆作为货币进行结算。

碱法烹制玉米

阿兹特克人最初用该方法制备玉米粉，过程包括将玉米粒放在瓦罐中煮沸，倒入石灰和大量的水，用大木勺搅拌混合物，然后静置到第二天。若制备方法正确，在手指间揉搓玉米粒即可轻松剥去其外皮。

卡尔梅卡克

这是源于纳瓦特尔语的词语，由"房屋"（calli）、"居民"（mecatl）和"场所"组成。卡尔梅卡克是一所专门为阿兹特克贵族子女提供教育的学校，使其在成年后能够履行主要的公共职能，如祭司、精英战士、法官、教师，当然还有统治者和官员。通常，他们会得到优质的教育，其内容包括口头流传的民族历史和各种科学知识，特别是天文学、计算和时间测量，以及音乐、艺术、哲学、宗教、卫生习惯、经济和行政管理。此外，学生们还会接受纪律和道德价值观的全面培养，以及当地传统的教育。学校的模式与现代的奇宿学校类似，学生们需要长时间住校。此外，学校还进行有针对性的教学，对于有志成为祭司和战士的学生，在其学习初期就会进行宗教惯例和习俗、礼仪颂歌以及战争策略方面的教学；而对于准备担任最高级别行政职务的学生也会在经济和行政事务方面给予更多指导。

卡尔皮克斯克（次级官员）

阿兹特克行政等级，负责征缴税收。

卡尔普里

源于纳瓦特尔语，意为"大房子"或"农舍"（calpulle）。实际上表示领土和社会单位，单位内成员之间有血缘关系或相似的文化渊源。可以说，卡尔普里构成了阿兹特克人政治、经济、社会、宗教和军事结构的基础。卡尔普里成员集体拥有土地，每个成员均有土地使用权，每个已婚成年男性均有权获得一块土地进行耕种。对此，财产的管理者会详细记录每个男子的婚姻状况。若有成员未能从父辈继承土地，卡尔普里有义务给予其另一块土地的使用权。当一个家庭没有继承人、主动放弃权利，或是连续三年没有耕种，则丧失对土地的使用权。随着时间的推移，这些规则衍生出许多例外情况。贵族、官员、祭司、商人和工匠无需耕种土地。持有特诺奇蒂特兰最多土地的四个卡尔普里分别是莫约特兰（Moyotlan）、特奥潘（Teopan）、奉波潘（Cuepopan）和阿特萨瓜尔科（Atzacualco）。

卡尔普耶克

在卡尔普里内的社会和政治等级制度中，卡尔普耶克排名第二。其职责包括对土地和公共仓库的经济和行政管理，收入可观。

礼乐师

负责监督典礼和祭祀中献给众神的乐曲的演奏。神灵对阿兹特克人极其重要，因此，礼乐师在社会中很受尊重。

马卡纳

该词来自加勒比的泰诺语，指的是战士们在战争中使用的木制狼牙棒。最著名的是墨西卡人使用的马卡纳，尺寸与砍刀相当，由硬木（如松木）制成，边缘镶有数个锋利的黑曜石刀片，下端装有缓带以固定在战士的手臂上。使用马卡纳的主要目的不是为了杀敌，而是重创或击晕敌人以活捉俘虏。新的马卡纳刚被使用时往往致命，但随着多次使用，镶嵌的石片逐渐破碎，当所有石片都被击碎时就作为普通的棍棒使用了。

美洲豹战士

在纳瓦特尔语中为"ocelotl"，采用了丛林中最强大、最狡猾的动物名字命名，指阿兹特克军队专业的精英士兵，是军事实力强大、令敌人闻风丧胆的"特种部队"。"雄鹰战士"与"美洲豹战士"一样，是在阿兹特克军事力量中具有特殊地位的团体，但不同的是，前者所有成员在社会上都属于贵族阶层。取名"雄鹰"同样是因老鹰在捕猎鸟类方面的娴熟技巧。此外，鹰和美洲豹在阿兹特克宗教信仰中占有独特的地位，分别代表太阳和月亮。

木船

停靠在每个奇南帕旁的独木舟是将农作物转移到家中或公共仓库的重要运载工具，方便农作物的后续加工和贮存。通常用托托拉苇草、原木或空心树干制成。

纳瓦特尔语

该词可能源自犹他－阿兹特克语（一种美洲原住民语言的语系）中的"nahuatlahtolli"一词，其含义是"清晰的语言"。自起源到被西班牙征服之前，一直作为阿兹特克人的官方语言，也被称为"墨西哥语"。各地土著文化传统并未影响纳瓦特尔语的重要性。现今中美洲的许多地区仍在使用纳瓦特尔语，而且被纳入了官方教学之中，目前的使用者大约有150万人，使用人数居墨西哥的土著语言之首，使用范围从墨西哥北部直到整个中美洲。

平民

阿兹特克社会地位最低的阶层之一，仅高于奴隶，平民所属的卡尔普里成员均需服兵役、缴税，以及为公共工程效力。

奇南帕

阿兹特克人建造的人工小岛，用于弥补耕地的匮乏。奇南帕建在湖泊上，其地基通常是植物、木头和淤泥，并堆积有数个土层。生活在奇南帕的家庭耕种获得的食物一部分用于维持生计，另一部分则与社区其他成员一样需上缴给统治贵族。奇南帕长期处于湿润状态，因此非常肥沃。阿兹特克人通常将耕作所需的工具放置在自己家中。

奇瓦瓦狗

狗类品种，特点是体型小、毛发短。阿兹特克人认为，它的肉有很高的营养价值，所以进行饲养以补充膳食。

球赛

球赛（纳瓦特尔语为"tlachtli"）是中美洲最重要的文化活动，兼具娱乐性和宗教性。球赛通常在"H"型或"I"型球场举行，两支球队对抗，将球击入一面石墙上有一定高度的圆环内。每支队伍的人数从2名到7名或9名不等，球赛最具创意的部分是将球击入环中使用的身体部位：有时只允许用手、肘、膝盖或胯部完成，有时则可以同时使用所有部位。球员会用编织绷带将上述的身体部位裹起，以避免疼痛和提高击球效率。一场球赛的输赢可能是致命的赌注，失败球队的队长可能被获胜方当作祭祀的牺牲品。

社区

即根据不同的卡尔普里进行分割的街区。一般而言，一个街区仅有一小片房屋，其所有者因血缘关系而群居。

石碑

一系列的石制纪念碑，立在地上，形似墓碑，但其宽度和高度有所不同。除少数尺寸较大的石碑，大部分高度不超过两米。石碑根据其厚度和外形的不同，可能有两个、三个或四个面，上面刻满文字、符号、象征标志和图形，表述的内容涉及当地重大事件，例如新的统治者继位或是重大军事胜利，因此成为考古学家和历史学家重要的参考资料。石碑最著名的用途是作为墓碑的纪念石碑，也是重建古代朝代谱系的最佳参考。

石雕头像

奥尔梅克文明的标志性作品，是其最卓越的艺术遗产。雕像普遍为圆形，体积庞大，且通常为高达4米的纪念性石雕。据信，它们代表神或当地统治者，人们会对其进行供奉。在拉文塔、圣洛伦索、特雷斯扎波特斯和科巴塔等地，石头雕像也被当作御座使用。

手抄本

米斯特克人最重要的原始文献资料，由纳瓦人（墨西哥土著居民）制成。许多西班牙殖民前时期的文件都已遗失，通过抄本可大致了解这段时期的文献情况。抄本通常使用图形记录，反映了古代墨西哥人的宗教、历史和经济生活的部分面貌。按时期可分为西班牙殖民前和殖民后两大类，后者由编年史研究学者制成。

陶笛

使用最广和最易学习的管乐器之一，在所有中美洲文明中广泛存在。材质通常为陶瓷，钻有一系列的孔，气流从小孔中吹出发出声响。音色随乐器尺寸的不同而变化，八孔陶笛的音调顺序为（从右到左）：1 re、2 mi、3 fa、4 so、9 mi、5 la、6 si、7 do。克丘亚人和艾玛拉人将陶笛与竹笛、排箫和其他乐器编排在一起演奏。在被西班牙人殖民后，陶笛不仅继续使用，还被广泛传播到整个美洲大陆。

特波纳斯特利

阿兹特克最常见的打击乐器之一。是由空心树干制成的鼓，上面有两个簧片，演奏者在上面用鼓槌敲打进行演奏。

特拉托阿尼

源自纳瓦特尔语的"tlatoani"，意为"说话的人"，是阿兹特克君主的名称，与"领路人"同义。自阿卡马皮奇特利朝代起采用这一称谓，从那之后用来代指皇帝或国王。特拉托阿尼身边有大量的顾问、战士、各种官员、行政人员、祭司，乃至嫔妃，他们共同组成了皇室。人们高度崇敬特拉托阿尼，视其命令为不可违抗的神的旨意。

特斯卡特利波卡献祭仪式

阿兹特克人最重要的仪式之一，在太阳历第五个月的第一天举行，以纪念其重要神灵特斯卡特利波卡。祭品是经过挑选、身体无缺陷的年轻男子。自被选中到仪式举办的一年内，这个年轻人将得到为他特别安排的所有福利和娱乐活动，并且受到大家的喜爱。此外，他还会接受歌唱、舞蹈和乐器的训练。在被献祭的五天前，他还将被邀请参与墨西卡贵族最豪华的盛宴，并接受专门理发，穿上最精致的衣服，为献祭做好充分的准备。最终，当仪式这天到来时，男子步行前往特诺奇蒂兰的大神庙，在那儿他的胸膛将被切开，由大祭司取出他的心脏，其余的人则紧紧抓住他。

头骨架

源于纳瓦特尔语，是一种阿兹特克建筑，覆盖有呈网状排列的头骨墙，包括雕刻的或是真实的人类头骨。墨西卡文化认为，人类遗骸具有神圣性，所以此地成为牺牲者遗骸的存放地。

头目

每个卡尔普里都有两个成员担任主要领导职务。头目有军事权力，负责在和平时期维持组织内的秩序，并训练战士。

土荆芥

源于原始纳瓦特尔语"epaztl"一词，意为"臭鼬"，与"zotli"（意为"草药"）一词相关，指一种茶或土荆芥种草本植物。其叶子有香气，花朵小，该地区和其他一些拉丁美洲国家将其作为调味品。

托托拉苇草

托托拉苇草，源自克丘亚语"tutura"，是莎草科的一种多年生水生草本植物，在几乎整个南美的水塘和沼泽中都很常见。不同种类的托托拉苇草的茎长不同，大多在1米到3米，通常用于建造棚屋和牧场的屋顶和墙壁。其在制作编织物方面也用途广泛，例如制作存放谷物或水果的罐子和盒子。

它在中美洲的最传统用途之一是造船，船名同样为托托拉，根据尺寸可以分别用来运输谷物或人。

文艺之家

字面意思为"歌唱之家"，是专门对富裕阶层的孩子进行音乐教育的机构。

西佩·托特克献祭仪式

向西佩·托特克献祭的仪式，西佩·托特克在阿兹特克人的神话里以"剥人皮"著称，在纳瓦特尔语中名为"Tlacaxipehualiztli"，用太阳历中的第二个月，也就是该仪式举行的月份为其命名。在该月的第一天，阿兹特克人用战争中的俘虏和奴隶进行献祭，同时会用高超的技巧完整剥下他们的皮肤，甚至祭司可以披上皮肤继续举行仪式。其他祭司则会组织囚犯之间的角斗，直到一方死亡。在该月的最后几天，遭受疾病折磨的人群会举行游行，向西佩·托特克祈求治愈他们的疾病。该节日同时也会根据农业周期举行祈求丰收的古老仪式。

仙人掌

阿兹特克人所在地区的特色植物，可结出仙人掌果。阿兹特克人认为，仙人掌来源于大地女神的内脏，赋予了其非凡的神秘内涵和独特地位，因此，仙人掌与

阿兹特克人的起源相关也就不足为奇了。根据传说，第一批墨西卡人从阿兹特兰出发后，发现格查尔鸟栖息在一棵仙人掌上，于是决定在此定居。

小茅屋

位于城市郊区的平民住房。面积很小，只有一个房间，通常由泥土墙壁和茅草屋顶建成。

新火盆

阿兹特克人在西班牙殖民前使用的火盆，里面装有所谓的"新火"，每52年为一个周期，当每个周期结束时会在伊斯塔帕拉帕的埃斯特雷拉山上的"新火"仪式上点燃。当天，阿兹特克人会熄灭所有的火，同时销毁家庭用品，将妇女和儿童关在家中，男人们则聚集在埃斯特雷拉山脚下。黄昏时，祭司们登上山顶，用祭祀用刀献祭牺牲者，并在他剖开的胸膛上点燃一团火，将火转移至新火盆里，之后用火盆里的火点燃寺庙和房屋的火把。新的黎明到来意味着世界免遭毁灭之灾，开启新的一轮52年周期。最后一次"新火"仪式在1507年举行。在被西班牙殖民后，墨西卡许多传统习俗仍在延续，包括"新火"仪式，不同的是去除了仪式上的活人祭祀环节。

鹰

阿兹特克人的皇家鸟，日历上二十天符号中的第十五个。根据当地传说，在其符号对应日期出生的人具备成为伟大战士的素质。

羽蛇

名为克查尔科阿特尔，是中美洲各民族和阿兹特克人的主要神灵之一，也是其文化的象征和最崇高的信仰依托。在阿兹特克人的艺术作品中有大量羽蛇的形象，如浮雕、雕塑和彩色织物。

玉

阿兹特克人用来制作装饰品和丧葬面具的主要材料之一。由于质地硬而坚固，在该地产量高，常被用来制作耳环、胸饰和项链。

窄缠腰布

阿兹特克男人的主要服饰，通常是一小块布料或皮革，仅足以覆盖生殖器区域，通常也称为"遮羞布"。

蒸汽浴

在阿兹特克城市里的房屋旁大多设有一个加热石块的系统，当石块达到一定温度后向石块喷洒水滴，产生蒸汽，供蒸汽浴使用。